Welcome! I'm thrilled that you've chosen this ~~...~~ diving into the word search adventure, a special treat awaits you on the next page in the form of a QR code. Scan it and explore my website to unwrap delightful gifts—I'm confident it'll bring satisfaction. Discover what awaits you!

Now, let's go over some quick guidelines for the Word Search. This book comprises 101 puzzles, each featuring 24 words. The theme of the Puzzle is horror movies. Each puzzle has a different movie title and words related to it. At the end, you will face several puzzles with general horror words hidden inside them. The final puzzle has a hidden message as a bonus. Would you be able to find out the hidden message?

damian
publisher.com

To make your search a little easier, I will tell you how the words are arranged.

Letters of single words may overlap. Example below.

Scan me!

Here is the QR code I mentioned on the previous page. Scan it now and enjoy additional gifts or you can simply enter the link into your web browser. The website address is:

www.damianpublisher.com

I wish you lots of fun!

— Damian

2

Sincere thanks to my devoted customers. Without you, my work would make no sense.

Ronald – Lubbock, TX
Noah – Saint Paul, MN
Jacob – Norfolk, VA
Oliver – Saint Paul, MN
Mason – Madison, WI
Jordan – Augusta, ME
Katty – Santa Ana, CA
Jackson – Carson City, NV
Veronica – Aurora, CO
Daria – Chula Vista, CA

James – Newark, JN
Emma – Carson City, NV
Miley – Spokane, WA
Ronald – Henderson, NV
Oliver – Saint Paul, MN
Robert – Plano, TX
Sarah – Newark, NJ
Natalie – Reno, NV
Michael – Aurora, CO
Victoria – Glendale, AZ

If you would like your name to appear in my next book as a sincere thank you to my customers, send me an email and I will include your name here!

Email Adress:

office@damianpublisher.com

I can't wait to see a message from you!

– Damian

Psycho

```
V I C T I M Q W L R K M I L T O N H F C M R
Z B S J Z Z A D C H P S Y C H O T I C N T M
I R P A Q N Q O E I D C N K R P E N H K X A
T V A O D M G O K A Q N T Z Q M R T U X B R
G Z S P M U R D E R D E O L O M G C M X B I
S E X Q D K L O S F Q W Q R K W Q M A F N O
O Z L P U K G X T E R M O L M Z C B N M Z N
S L B E K M C D S T C Y L M S A I A M O W O
H U P U H H A O W H D R V Z A A N T O N G C
P H S S S X X N R T O U E H Y N B H N E W N
H I N P N T S J I P N W V T O P G R S Y B Q
O T U C E Y H V T A S S E Q A J X O T P H F
E C R G W N E K R N C E R R E R M O E Y G R
N H U B M O S G Q K N X D A L Z Y M R J K S
I C G I F D T E T K M K N I F E U P K K G Y
X O L E B K E H C H A M B E R S T S T W I Y
B C Y X C S G Q C Z M X M N O F D Y J J N A
S K P U C I C X C N J F P F E U V C L E J M
R A S Q N H E N R P P N U H U A F H G Y X Q
E H I W D N X V D D I L T T X B G O N Y Q H
W T F O L H G S M O T E L Z T U G Z F F F P
R S E R I A L K I L L E R K C L G Y B E U G
```

BATHROOM	CHAMBERS	CORPSE
DEAD WOMAN	HITCHCOCK	HUMAN MONSTER
KNIFE	MANIAC	MARION
MILTON	MONEY	MOTEL
MURDER	NIGHT	NORMAN
PHOENIX	PSYCHO	PSYCHOTIC
SECRETARY	SERIAL KILLER	SHOWER
SUSPENSE	THEFT	VICTIM

The Exorcist

```
F P X H O D B L I O P Z K P A F W Q Z B H L
C Y E X O R C I S T B M M A A O G U S O W E
P O C D H L E B A S D T T C B V N Q L K F V
X H C H R I S T I A N E C I N Q T B X X O I
F H C R U C I F I X B P A O Q C K S H E R T
Z F R I E D K I N Z O A I T H S N A A X C A
Y M H O L Y W A T E R G Z L H A S O P P E T
M T P R I E S T R I I G I P T M Y W O S I I
L O D B U H O J T L V E Q A P I C M D Y L O
V T N W I K V T E Y N R S E X Q Z P E C T N
Y Y C O L B D R K C C M D U B A O E M H P E
I K T H M C F X A I D I S X L X P X O I O Y
M B O N J O I M L E C A D G R X T P N A S H
X L H O E A C O C I D S U Q T H V A I T S K
G I Y M I X H W U Y D H G G I J J L C R E B
X O D V R T O S I E A A E X H A O T X I S J
A M P E A E S R C Q E R M B U T R W U S S V
P B V C M M G I C T G O O G X A E A A T I M
I V O G J O O A M I S N T K G P P R X L O E
U L Y I L V N M N N S O H M B W I D T S N C
Q S K Y C I B X L G P M E T W M Z M Y I H H
H C N R L A O Q W W V V Y R Z W I C I N Z K B
```

CATHOLIC	CHRISTIAN	CRUCIFIX
DAUGHTER	DEATH	DEMON
DEMONIC	EXORCISM	EXORCIST
FORCE	FRIEDKIN	HOLYWATER
LEVITATION	MAC NEIL	MOTHER
POSSESSION	PRIEST	PSYCHIATRIST
REGAN	RELIGION	SATAN
SHARON	SUICIDE	VOICE

Halloween

```
T X N W M A O F H S H D F U O W S P E Y D Y
F H S L M Y Q U M A S K E D K I L L E R R K
X Y I Y H I A E E D T A H A W M I C H A E L
A E J X Q T E Y L Q K B L B D F X Y C Z K A
F P D W D K U Y M T B Z J H I D U C V P B L
R S L A S H E R N W J U T D C D O N T K O O
V Y Q S Z D W G B O O G E Y M A N G H S L O
E C Y E N D S C H H D Y K Y M E A H W D V M
S H S R I M T A A M A E M P L A F I F J B I
D O X I G Y A R F A S L A V P T N G D U C S
V K T A H M L P P U M K L T P Q J I T O Y Y
F I G L T V K E L M V K W O H P J X A N V O
B L L K S N I N G A O M R R W H W W J C I Q
Q L Q I K D N T Z S L T E Q S E W U N O O W
Y E Y L O V G E A K E D H M G R E K N N L P
D R V L K L P R V N R P Z M A P J N J S E K
W E W E F A K I U U V H I T S O H B G T N Z
J X V R G U T D M L P Y W E N E G Z X A C P
C R D I K R L I N D S E Y X Q I S K A B E Q
P J O V L I W Q B A B Y S I T T I N G B L X
S B X M H E S T Y P S Y C H O P A T H E G R
Z S T R A N G U L A T I O N W L X X C D R J
```

BABYSITTING	BOOGEYMAN	CARPENTER
DEADDOG	DEATH	DEVIL
HALLOWEEN	LAURIE	LINDSEY
LOOMIS	MANIAC	MASK
MASKED KILLER	MICHAEL	MURDER
NIGHT	PSYCHOKILLER	PSYCHOPATH
SERIAL KILLER	SLASHER	STABBED
STALKING	STRANGULATION	VIOLENCE

The Shining

```
X J N P A B X X P T E L E P A T H Y A A A B
M G F I D E N T I C A L T W I N S K Y T C I
F V I O L E N C E U D B Q F D A P N S Z L V
O I C C A T B U U Q V J A Q V C N F Y X K S
P O M Y P B J H J K J D Y W J A E K U U P Y
I W U A Q B O Z C A N C V F D R V R T E O R
G S I P H F G I W J S I L Q A H E Z L G S L
H U I N Z O R V T S V C I M R T X C L Q S H
A R H O T B T F E R V V T B I R Y C A Z E H
L R I X U E Q E V I C H R R O C H H B J S G
L E H K I S R W L N G Y W R I A C A Y K S F
U A X Y U Q K L O I D E R R G U X Y R U I W
C L Z R P O A I N N P I T N R Y O N I W O U
I I Y E D W T J E Y M F I W G L F V N K N O
N S C W O A P W T G Y N K R I G Q W T P M L
A M T T L Y G L B M I P G Z Y P G D H S T B
T R D O D L P M L H U S N O W C O V R Y N B
I Y S S P J U M S O S N O W S T O R M C V U
O I W J C I V E Q M Y N I C S W C G Z H A N
N I H X C P H W Q D F D N V K N D S F I B E
R Z I V L T V B R T O R R A N C E F D C X J
P D Y H A U N T E D H O T E L A E U Y P C S
```

DANNY	HALLUCINATION	HAUNTED HOTEL
HOTEL	IDENTICAL TWINS	ISOLATION
KUBRICK	LABYRINTH	LLOYD
MIRROR	NIGHTMARE	POSSESSION
PSYCHIC	SNOW	SNOWSTORM
SURREALISM	TELEPATHY	THE SHINING
TORRANCE	TRICYCLE	TYPEWRITER
VIOLENCE	WENDY	WINTER

Alien

```
G F K Y T H W Z S J O J F G A N D R O I D K
T N F U O G I R H S Y S G S P A C E S H I P
T X O F A Z E K I Z O S N I Q V Q N N T M E
E Y Q L N T Y F H L F A C E H U G G E R R Z
B W I T S E X D R E D J D O E K B Y E U F Z
R B S N C R E A T U R E H N T W K X T P N H
L U O I P T I T B U G O A W J T U U I K W Q
O M F L V R M P E I N K I T P D F M B W J N
D N N F V C O J L Y R R D N Z Q F B V C K S
S V F G T C O T V E A C I D E B D W N J U
W S O M Q E S M A M Y I Y P J P W T I V C G
B F P I O H C U P G U D X N T E H L B H S W
R L Y A I Q X H R U O C R X Z G U U B J I O
T C O P C X G P N V T N Z U I H O R R O R G
B N X O S E E P K O I E I N A T I X W N Q S
J A P N D N T N H O L V R S W R U W M M A N
L J L A S A F R O G T O A N T A T T G L D H
I J C I R J B O A M S P G L S P H V L E A I
W K V J E K K X H V O I V Y O P E A D I M W
G B O N G N E O V S E R X N X E D Z G N V L
Z W W J C E R R L R X L P E M D P B C H S N
Y W T Z L D L K N R C S K H N L Z Y D X A J
```

ACID	ALIEN	ANDROID
BLOOD	COMPUTER	CREATURE
DALLAS	FACEHUGGER	FUTURE
HEROINE	HORROR	KANE
MONSTER	NIGHT	PARKER
PROTAGONIST	RIPLEY	SCOTT
SPACE TRAVEL	SPACESHIP	SURVIVAL
TECHNOLOGY	TRAPPED	XENOMORPH

Night of the Living Dead

```
X D U O Z C G D R U H U O L U E L O K S X S
B B S I S O O T Z S I N T U R C R C R G F B
I D A C N U W O M S J X T X O E Q U N Q A R
N S V S R V S H P L D J Y U M A Z I X I R U
T U K S E E A Q H E T V A O I B D C G N M C
X R W S F M A S R I R P R V V I E V G R H Y
A V V E B K E M I S X K D D H R A N E S O X
P I H B A S D N I O X Z O M B I E T M X U A
O V R O R B T F N N A E N G T H R T Y S G
C O A Q B J D W Y H G R O E U G O G R D E E
A R D T R X I U X P N I E F U R N E I B A I
L S I P A A V Z Q O D N V A R I T Q B H J K
Y C A H K U F R N A O L D O L E O G B N X C B
P K T K L H D E R H D I H I M C R D E K I V
S Q I Q Z R M X P B R N A E I J R G G C G A
E S O F A O H E V H A N C T S A F P J S A S
T Z N L N V L W K C N P S J Y K C Y A B R B
V J L E H E S B I M A A C E J X M S F G E W
O E H R T P X R H R Q V V A G G B E Y W T Z
C P B L U Q E B F H Y A R Z O W L P N J T A
W Y K T V M W I H O R N T D A T T A C K E J
O W P L A Z L M G G J R T D S I W F J J T T
```

AMERICAN HORROR	APOCALYPSE	ATTACK
BARBRA	BASEMENT	BEN
CELLAR	CEMETERY	CIGARETTE
COOPER	DAUGHTER	FARMHOUSE
GRAVEYARD	HIDING	INVASION
NAILING	PHENOMENON	RADIATION
RADIO	ROMERO	SCREAMING
SURVIVORS	TELEPHONE	ZOMBIE

Jaws

```
U J I Y K V O V U B L O C K B U S T E R Z B
V O L Y Q K B Q S J K H A B Q M J Q H M A H
J J J I V E E N U B H Z U M L G R G V S K H
H Q P H M K O J J I E H B L M O V R Q H V N
L Y T Q N O I K T T N A H K N I O B W A V K
S V A U G H N A I B R T C D F R D D N R K V
O H N E Z F K S F L J A P H R I I I M K H I
G T G C E A D R T N L I C O X K V B M C Z Y
U A K S L M V M Q E H E H R P I I R L A C F
G H D H A H D L P S R P R X E S N O D G L B
P X S A N E O O L P Q T M A Y A G D E E V L
N G J R I I M O E L L E N P L Y T Y R C L S
B W R K M N D S P I E L B E R G P U K S X G
F F I M A C V G G E L B V O O P N Y R J R H
J E J F L B F N D R R O N N A L Y R C E X L
R A T U D P I I N A N V J I U C L O S J J R
U R I R V M H F S D W S H D T V P D X O A V
K U C S A G X W E H N J B A O B Q J P S V T
V S J E O D V L J F I I C N P R H X W Z M R
N R R A K H U F F D W N H G S O P P W U L X
P C W T F I K O N L A P G E Y E R O C E A N
S A B C E S M H A Z B I I R G D V N Y H C R
```

ANIMAL	AUTOPSY	BEACH
BLOCKBUSTER	BLOOD	BRODY
CREATURE	DANGER	DIVING
ELLEN	FEAR	FISHING
HOOPER	HORROR	KILLER
MONSTER	NOVEL	OCEAN
QUINT	SCREAMING	SHARK
SHARK CAGE	SPIELBERG	VAUGHN

Rosemary's Baby

```
T C J B D Y M H S E G A C M H S W C Y H Z P
S P A O C W S A P I R S T E I N F D K G V W
U W R L S T O H X J Y B C D I E P Z V I E Z
P I A E C S Z O S C O V E N R G O M Q K D B
E T N C G O A M D F C T S N W W L I K O E P
R C T H O N S T U H O B Q Y B S A N I S V K
N H I A B M A J A T O H N Y S K N N G T I R
A C C N N C Z N Z N A U P R X J S I Z L L D
T R H T U M A K C M I N S A O G K E A W E B
U A R I U H H G B Y N S T E R M I Y I Q J V
R F I N O M U F B I B T M B O A A S O I T Z
A T S G Y M C T Y C A O B R A R N N L G J M
L S T L D I I N C U B U S E T B W O G X V H
Z V P F U S Y T Z H D T P E K C Y L I D B R
E A F E S L Q U M X D A B Q G M V I R A R N
X V D X L F L S C C R J V C O O Q G O I Z E
D C Z S Y L T A M K H R D F G S W Q S X T L
Q R D I L Y F R B F B V E J Z Y R E E N P Y
W I A K L A P G N Y W Y M S D M M F M V D B
I H Z Y M H O G V P T O O Q I W J N A W B R
X J M Q F L S D B C T A N E Z U P D R Q J H
B L I N D N E S S D T A B J D E Z H Y T V G
```

ANTICHRIST	BETRAYAL	BLINDNESS
CHANTING	COVEN	DEMON
DEVIL	HUTCH	INCUBUS
LULLABY	MINNIE	MUTANT BABY
PARANOIA	POLANSKI	PREGNANCY
RAPE	ROMAN	ROSEMARY
SAPIRSTEIN	SATANISM	SPELL
SUPERNATURAL	WITCHCRAFT	WOODHOUSE

A Nightmare on Elm Street

```
Q G S L E E P D E P R I V A T I O N A J A P
L P R M D S O K B A P L M C K T X E Y K F Z
X N G F R E D K R U E G E R Q L E X S O Q X
A M Q P A W G P G X Y L I A U F M E A A O Q
V F U H E H Q S A A A D Q V C L J Q N Z P W
H P O R L Z K N R V T E L E P H O N E A N W
D O I C D H N G I C F X J N V V E Q R O G M
X A I U H E A V G L E N L A N T Z K S M I E
X B V J N N R V L Y B C S D Q M U P U J N D
O A H F I U C B H U N R K K J M F P X I S
C D O T S L C H K A I E D N S O D A E S S E
Z D R X V L R O R R H L C V H L E L R A K R
Z R R H L Y X Q D S I C S T L T A C N Q R I
F E O J X J O K A H P D Y A G J T O A K J A
N A R W N Q I L C A E C C F O B H H T N Z L
C M I I V M S W W B N E I O Y G P O U J F K
F B C V U U O L Y A N A W W L P X L R T T I
T S O F M H W D N O C X N Z F G P I A W X L
Y K N T C C O Z H S L L K G X L S L T G L
X Z O F N O M P D R E A M W O R D M D J W E
V V F K L B A M E R I C A N H O R R O R Z R
B G S B L C Z C U L T F I L M U L X O S X D
```

ALCOHOLISM	AMERICAN HORROR	BAD DREAM
BLOODY BED	CHILD	CRAVEN
CULT FILM	DEATH	DREAM WORD
FEAR	FRED KRUEGER	GLEN LANTZ
HORROR ICON	MURDER	NANCY THOMPSON
PHONE CALL	SERIAL KILLER	SLASHER
SLEEP DEPRIVATION	SUPERNATURAL	SURVIVAL
TEENAGE	TELEPHONE	TINA GRAY

The Texas Chain Saw Massacre

```
S B E T O B E H O O P E R A C H J Z S J Z P
V S C A O Q V K Y A S R T P R F Y R E P A V
I F H O C F C A N N I B A L I S M L R S M J
C N A T B J M C V O T Z F C Q D V Q I Y E Z
T F I I K O O W A J Q P W E C D D G A C R E
I A N D J W H Q R N E Q H K A P G B L H I G
M D S K Y V K Z M V N R H F X R Y D K O C Q
G R A V E Y A R D I J I S U M M E R I P A D
O K W Z T S T T H F Q R B Z A J P R L A N Y
Q N M J D A N P N I F E N A M E I O L T H X
R X F H L L T Q B Z K I R K L U D G E H O O
H N N G V L M G D L T A O C T Q R C R D R C
Y Z C X D Y Y Y K V L H N X W Y J D A L R P
X F N G L Z L V T E X A S W D Q Q E E L O Y
N Z B E G R N F A M I L Y K Y J T Q Q R R B
M J E R R Y N C I B Y F U A D U T E D V R L
E D M K R D P T X B G F M A D K I L L E R X
B H D Y S N A H Q L E A T H E R F A C E F R
L W G D M E Y D E F E N E S T R A T I O N I
O K W I M P M O H Z E E P C B J O M G Y Z U
O T H Q D Z H I T C H H I K E R S G X I O E
D H K C P P R K Q A Q Y L F R A N K L I N W
```

AMERICAN HORROR	BLOOD	CANNIBAL
CANNIBALISM	CHAINSAW	DEFENESTRATION
FAMILY	FEAR	FRANKLIN
GRAVEYARD	HITCHHIKER	JERRY
KIRK	LEATHERFACE	MAD KILLER
MEAT	MURDER	PSYCHOPATH
SALLY	SERIAL KILLER	SUMMER
TEXAS	TOBE HOOPER	VICTIM

The Silence of the Lambs

```
C Y C H J O Z M A P K G Y A K B C V S H F S
U K X A S D L S I I D I Q E L J T M G J G U
C A N N I B A L I S M I D H T S T T X A M O
S P D N X C A N N I B A L N A O S S T M I Z
E S C I X V O F A S H P E P A I H S G E N I
R Y E B K H F D D E Y O K X N P I A L G D P
I C U A C U V R L S F R R O M G P P O U G S
A H V L L M Z E Z A A B G R O T G I I M A Y
L O V L A A M T L D B A I L O T O S N B M C
K P S E R N J A B A T S O A S R H G H G E H
I A F C I M S O M O M H U A G W I R V C Z O
L T V T C O I X R Y C B P I H E G T H F A T
L H P E E N L P J Y M S L C S N D Y C Q H
E O F R S S E B S B E J R P C I H T J Q W R
R M K E T T N P B R L O Y L X V D K E L Q I
K R K V A E C R C S M U R D E R F E L F G L
Z Q X I R R E E P C B D T C T I Q M F H N L
E B I P L Z S P V D X L P E O L F E G P S E
Y T U D I N B S K A A H K F S K C D E Z E R
N K Y R N A V R N I I S K Z M G E V F O U Z
U J G V G I A T F J A C K C R A W F O R D A
C W E G J D L G T B K F Z G K I Z C K B Q N
```

BASKET

CLARICE STARLING

FEAR

HUMAN MONSTER

KIDNAPPING

MURDER

PSYCHOLOGIST

SERIAL KILLER

CANNIBAL

DARK PAST

HANNIBAL LECTER

JACK CRAWFORD

LAMBS

PROTAGONIST

PSYCHOPATH

SILENCE

CANNIBALISM

FBI AGENT

HORROR

JAME GUMB

MIND GAME

PSYCHO THRILLER

SECRET PAST

SUICIDE

The Sixth Sense

```
K H H V K G C O L E S E A R K O U Y L K Q U
J D O T S T Y X P F G H O S T P U F D J P Z
P K Y R M A L C O L M C R O W E B L V C J F
F N V Z R Q Z A E V X E V S A U T U M N Z S
X W R Q H O S I N G L E M O T H E R S H Z T
V O S U R P R I S E E N D I N G M S C B P C
F S Q B R Z O I W V L Y N N S E A R U K N I
P P H S O U S O S A P P H I R E R I N G N R
P X A J U Y R O F D E A D B O D Y L E A I L
S W W I A C H O G R I E F Z A Q N S L A T V
Y F H I A I J E A L O U S Y L X N A R U E C
C E G N I X E M T Q A V M D C E M E C N F G
H N N Y R W V L S J P D O I S A M I I E P J
O A Q V I F I X A L G O M H Y A H W Q R L R
L X Y P F O L D J E L Y T H C C D S A P O K
O Q G K B C W T U B N X S N Y E Q P F T T P
G A O S E K O R J G I T E S R W Q T R X T I
I E F B H Z M J U S H D P N G X F E C G W J
C N S J D V A D L G D H A F V X D N X Q I M
A H K B T Y N Z I I O N O M N R N B N S L L
L J N K W Q J N H O U R N Y U H D T M G T X
Z E N A H B H E M P W A S M P E L Y G U G A
```

ANNA CROWE	AUTUMN	BLOOD
BOY	COLE SEAR	DEAD BODY
EVIL WOMAN	GHOST	GRIEF
HIDDEN CAMERA	HORROR	JEALOUSY
LYNN SEAR	MALCOLM CROWE	MURDER
NIGHT SHYAMALAN	PLOT TWIST	PSYCHIC
PSYCHOLOGICAL	RED WINE	SAPPHIRE RING
SINGLE MOTHER	SIXTH SENSE	SURPRISE ENDING

Get Out

```
F K Y P H O T O G R A P H E R S U C P M J K
E S C A P E W O F D C G M A Y Q B B N U O A
L A Z R G V Q Q T K N I A I D N N E L H R B
B L B W I T D Z Z I O E B I S O X B G N D D
T M P N S I L C P C O B A E C S T W O S A U
I P U P N F Y P Y R O M S Y S N Y E U B N C
D O M W E S A H Q Q A O O N U T G V V R P T
C C A F Y N R B X F R C P H M R F I Y A E I
Q H Y W D P O P E X Q E I J U X N M T I E O
U R O I A X R Y J Z R P O S Z V Q D N N L N
B I K F O Q H R P I U R O M T U P E X S E V
D S E D E A N J T E G R B A C Y B E C U X U
X Q M R L E Y A A W U M N E G R N R R R Y P
C M I W E U S B M E X I X L T A O I C G G H
H R N A A V J Q N A G T F X M R X W X E V Y
B J E Q T L E F M R R T O D P M A C S R J P
F H G N O Q T N O Z H E N I L G D Y O Y Z N
R K Z M X H I E G Z Y I N G P A O P A T L O
R Y I E X Y G N R E L P S P F W I Q B L T S
Z E B A A B O K R B Z O H I T X X U B M O I
A T J N S U R V I V O R G R A C I S M J K S
A R S P M R I A F R I C A N A M E R I C A N
```

ABDUCTION	AFRICAN AMERICAN	BETRAYAL
BLIND MAN	BRAIN SURGERY	CHRIS
DEAN	DEER	ESCAPE
GEORGINA	HYPNOSIS	JORDAN PEELE
KIDNAPPING	MAID	MISSY
NEUROSURGEON	PHOTOGRAPHER	RACISM
RACIST	REVENGE	ROSE
SATIRE	SURVIVOR	WALTER

The Babadook

```
P G D N S L E E P D E P R I V A T I O N O E
Y W B U L R E L A T I O N S H I P L U N U Z
O C B R P E P L K F L B L N I G H T M A R E
K U Z S H A L L U C I N A T I O N C K G U L
U F T E W V J I A J O V V H W K Y O I V E G
W S C G P Z N W D N J E C X W U O K T U R G
Z I U A D Q D U O F U Q O R A D E N M Z Z Z
F N N N B S B F J C Q I E Z A N E A K I T S
U G C G F Z L A U N H H S B A K S T U B K U
L L H H Q E Q E Q Z T Y A V R I N Z Z Q A Y
I E C O S K A R E A F B A E M O N S T E R H
T M U H A H Y R F P E I F D H E R J W K L W
T O Q H S B Q D X C L I C O V C O X I O J O
L T H S R N A B Y E N E H G Q L B H D B F E
E H P W B E A S M N K E S K N A B U O Y F D
B E S Y D M U A E J T Q N S F I I U W Q E D
O R B A U J E J H M I R S Q N R E K C W R W
Y W M A Q F F W E G E M E N U E W C X D T Z
E P R S R Y F T Y P T N R C Z T S R X X X B
Z T J E P U J A F J Q Y T Z X U V S Q Y K V
R C A R A C C I D E N T Z Y I B M V N U X Y
U C H I L D R E N S B O O K Q A C S B H L A
```

AMELIA VANEK	BABADOOK	BASEMENT
CAR ACCIDENT	CHILDRENS BOOK	CLAIRE
DEAD FATHER	DOG	FEAR
HALLUCINATION	JENNIFER KENT	LITTLE BOY
MONSTER	NIGHTMARE	NURSE
OSKAR	RELATIONSHIP	ROBBIE
SAMUEL	SINGLE MOTHER	SLEEP DEPRIVATION
SLEEPLESSNESS	TRAUMA	WIDOW

Hereditary

```
L A D C M S D W D P O S S E S S I O N N W F
M L F Z H V U D V Z C A R A C C I D E N T N
J P P G R A U P G R S T E V E O G T O R V O
O S I A U R R T P R D A Y T A L W M V V T L
K Y M N N I U L H O I Z H S T G Y D S I Z Y
G C T A D A A F I G R E I H T A F V R O T E
U H N P L S D X U E M T F W I A U D M L U Q
J O L H T T J G E J W S G R C S F G I E Z A
I L F Y N E I I N F U N E R A L Z U T N G Z
D O Y L H R N N Y V U H P M O Q G B F C P T
E G K A I N A T I H Z Q L S T U R T T E W R
C I I X A W P F Q D J W G P P R P C M E Y E
A C C I X B E C O H H I G F M E C O J G V E
P A A S I E R Q W O B I Q B O M T Q F Z Z H
I L A A I V P E Y L Q L A R U R O E O O W O
T A M I C A J L N O Z M J I L R G O R V Z U
A Z J C X O M R R D U Q W D Q I N V U Y O S
T S P C E S V J I A A F W G N G C E T C L E
I B S U U Z U U R Y C N Y E R B O W D V K D
O X Z Y P L V T E G U M A T L L F S W P M G
N O J I V Z T R H E R E D I T A R Y C J J J
W X F Y D E A T H E J P Z N L E B J M T V W
```

ANAPHYLAXIS	ANNIE	ARI ASTER
ATTIC	BRENDAN	BRIDGET
BURNED	CAR ACCIDENT	CHARLIE
CULT	DEATH	DECAPITATION
FUNERAL	GRIEF	GUILT
HEREDITARY	PETER	POSSESSION
PSYCHOLOGICAL	STEVE	SUPPORT GROUP
TRAUMA	TREEHOUSE	VIOLENCE

The Witch

```
F P V X Y G T U B M N E W E N G L A N D K F
Q L J F R R A B B I T H H G M D A J D V W Q
E W A F O R E B O D I N G P Y K E M O M X C
Q I H F D L F R H L F D L Y C A S A W K N U
P L C O K C O C Y D O W C A X L W N T G G G
O D U L X T T I S O L A T I O N I W B H W X
S E Z K A I O Q T Q C A L E B S B G N L U E
S R L H W C N E K K A T H E R I N E X N W I
E N I O T N U G W M S S M W A M C P A B R T
S E D R Q U C X O S W M A L B F C T T L O N
S S T R T P I X O S D L W X N B I I M A B T
I S G O K T Z C D O F E J Y A R S N I C E G
O I G R P P D A S X D I R V U O T D F K R E
N A N I M A L A T T A C K P I E H R O M T S
C E Z E R Y S A T A N I S M A V K D R A E W
Y W W M T P W I D A I E M V F I H O E G G Z
Q Y T K X L D N Q Z D A D Y X L X O S I G V
S H A G Z K P B S E I J J L T T R Z T C E J
T Z F U O R Z J E L Q S R P G B O K S G R X
T X T I Z A P H L F Z Z X B I H U S O E S K
Z K X T Z J T I G O V E R N O R Z M Q N J L
K B P I P T W T O I W I T C H C R A F T Q T
```

ANIMAL ATTACK	BLACK MAGIC	CALEB
DEATH	EVIL	FOLK HORROR
FOREBODING	FOREST	GOAT
GOVERNOR	ISOLATION	KATHERINE
NEW ENGLAND	POSSESSION	PURITAN
RABBIT	ROBERT EGGERS	SATANISM
SIN	WILDERNESS	WILLIAM
WITCH	WITCHCRAFT	WOODS

The Conjuring

```
S P O L B G C Y S C G O H T Q U H J J M H B
S L Y E L G H M C H E F K Z N W W N F I J F
M G K Y S W S Z R B T L Q B S M R R Z Q A Y
E L G D K M R C E R W S C G X W O X M E M G
A F C J F Q S L A K C N Q E K V G F A P E G
D Z M B N T V W M U U M R D K L E M L E S I
S P Y M M M M B K Z R F T I I J R E E T W O
S U I C I D E S A N S H V T L G P D V H A B
K W A H Z R F D V B E Y N V O E E C O A N Q
C C U D X L R E K K Y H V Z R K R K L U P E
O I E C C A R M Q T F R G M R Y R H E N A N
N V Y D E L K O I N X W S A A C O A N T R Y
J S M F W L A N L G N I C N I A N U C E A Q
U J Y B V A G I Z V C J E D N R N N E D N R
R V F J E I R C R R A L F R E O X T M H O N
I R N E L V A R O V N Q L E G L T I C O R B
N U T A F A I X E I O D H A N Y Q N R U M F
G P M F J Q E L R N P Y P D O N O G C S A B
F H F L I N V E S T I G A T I O N W U E L T
Z P O S S E S S I O N I Y N Z L M I I T N N
P G H O S T O S U P E R N A T U R A L I R M
L K W S P V G G K C I J I U H Q F G O L C Q
```

ANDREA	CAROLYN	CLAIRVOYANT
CONJURING	CURSE	DEMONIC
ED WARREN	EVIL	EXORCISM
FEAR	GHOST	HAUNTED HOUSE
HAUNTING	INVESTIGATION	JAMES WAN
LORRAINE	MALEVOLENCE	MALIGNITY
PARANORMAL	POSSESSION	ROGER PERRON
SCREAM	SUICIDE	SUPERNATURAL

It Follows

```
B A A N L C A H T D A V I D M I T C H E L L
D V P S O G T R K V L C V W S U L J G O F T
C I O G W A M A Y X T W M R A W C D X X R E
P A C Y E U B X P J B A D W Z T E C X H I E
E B B D E O F M E F C W M P L T E O M L E N
Q W T S H U T W Z L U H G S U A N R O V N A
K S B J S T R A N G E R L T M B R O W Z D G
H B O L Y Y P I T C J C I O W F P L N Q S E
B F C L B A Q F S B O T T O R G A F U U H G
H X A Q K Z R H L M S M D R N O G L L D I I
O F J A H S S A O O K N J I O O F P Z O P R
R J E Z Z W V W R S I V M J T C Z O A Q I L
R G A A J T E P L W P M T C K J U S R U G Q
O Z O Y R M O I L P I I V B G Q X T G M L W
R F S T H Z V F B W Q M T D E X M C I B N J
Q G Q H B E G E S V R Z V A I A L E A O Q S
K Y M Z O N I K H O O S N Q L Y C W L E N B
W A U Y H Q H G W S T Y W H G B P H D H D S
I U W H E E L C H A I R E Y J L E A C C F P
T G Y W J A R Q X T B D K U V S W D I C S U
M C S U P E R N A T U R A L R D J C A U N M
Z F C T V Q E C L I K E L L Y H E I G H T I
```

BEACH	CHLOROFORM	DAVID MITCHELL
DEATH	ELECTROCUTION	EVIL
FEAR	FRIENDSHIP	HORROR
HOSPITAL BED	JAY HEIGHT	KELLY HEIGHT
PAUL	PROSTITUTE	STRANGER
SUPERNATURAL	SWIMMING POOL	TEENAGE GIRL
VOYEUR	VOYEURISM	WATER
WHEELCHAIR	WINDOW	YARA

Let the Right One In

```
S L I H O W K B I E T Z M D D X B W Z K Z T
P R J A R G Q C N E I G H B O R C P S N H E
K F J K J E M T N W P K Y P F N F V T A L F
Q W V A K W R S I Z L M K R K L R B U N U N
O Z W N T X O I F B O O H S T S Q J X D L R
C N K Y D T G Y K A I T C P C J Z A Q R M E
V B O Y C Q I N B J I R F A U H Z G W O Z L
X D G T R H B F I R A C O E T B O D A G X A
Q A T P P I I I P K R G R G H O E O N Y X T
U N X O T Q H L S V C A N U G G W R L N U I
N G K J W Y P O D L L I P J E S O N T Y T O
D E P S D V U E O U D G P A I L T C E Y P N
E R G Q G W I O L E J J Y L R R T U Z R R S
R O I M I G P Q E K W D E A C T I Y O G X H
W U Z A N Y P L X L O N R D K U M E O P D I
A S K F D S B T N O S F Z J E I Y E E X N P
T W S N O W L Q L P O C G E E M T L N N V D
E U O G S J U B B G B R U T A L I T Y T C H
R J L A S T O M A S A L F R E D S O N R X E
B A M Q K D I I Z M V A M P I R E F C J T D
W J S T R A N G E G I R L J G D K S M G Q O
L U G H G T S S G F C B S D R C I A S I H K
```

ANDROGYNY	APARTMENT	BLEEDING
BLOOD	BOY	BRUTALITY
CAT OWNER	CHILD	CRUELTY
DANGEROUS	ELI	ERIK
HAKAN	NEIGHBOR	OSKAR
POOL	PUBERTY	RELATIONSHIP
SCHOOL	SNOW	STRANGE GIRL
TOMAS ALFREDSON	UNDERWATER	VAMPIRE

Suspiria

```
R T D W Z Q S W I T C H C R A F T B A J H L
D Z S J I M Y F P T I F C S R P D A T Y G K
L D T S R I O V V M R O G E P V I D H E T L
U Y R P M S X E O R B W R A K C R T I R P E
C D A I A S J A G G X O T S I G A S T P S M
A S N R C T Y T P T S P E R S P U S N E Y P
G N G I A A C U R S E N T R E S U Y K L C E
U V E T B N D L Y H I A O L N O Z Y C A H R
A J N U R N O D T T P R E K I B K W I B I E
D Z O A E E D B S S R T N R L X F R U I A R
A O I L K R U E P I Q Y E T H L I T G G T X
G P S I I S T E M B Z T L T D P O V J R R I
N M E S T N T C J H S U A J S O Z X I M I W
I Z Q M I H L P L Y C B X U F C O V E N S U
N A L Z I O N R M C D T S E K K V J H T T U
O Y C M A M S D O O D H R F W O N N I M D W
I P X A W B O I O L V A Q H K W V G U T G Q
K W F R D K Z L V T B T C X S M A M N K J S
A L I G H E B I H R T T S V Q B S M R K I Q
T J E Q Z U M T D U I O L X J B A M G K U S
W M C O Q U F Y S W Q C B A L L E R I N A F
J V B C B K N J I P E P S E C R E T R O O M
```

ACADEMY	BALLERINA	BAREFOOT
BLOODBATH	COVEN	CURSE
INTESTINES	KLEMPERER	LUCA GUADAGNINO
MACABRE	MIRRORS	MISS TANNER
MYSTERIOUS	OCCULT	PATRICIA
PSYCHIATRIST	SECRET ROOM	SPIRITUALISM
STRANGE NOISE	SUSIE	SUSPIRIA
TELEPATHY	WITCH	WITCHCRAFT

Don't Look Now

```
K L P R E C O G N I T I O N F J X W B U R G
B K X N I S E R I A L K I L L E R Z C F S R
B M Y M B T Y M A M G J C U Y C J I X N I I
H F A Z Y F L A S H B A C K O T H G J W K E
L D L R X V K Z M Q Q C G F E C B T C D M F
L J A L R Z H H A H E E N R Y P L F J I U B
V Z R Y N I M O C G O Q E S J C I N H S R I
A I E N J C A R T R N T P L Q G N V T B D S
G G B G Y H U G S E H L C F L Q D S R E E H
B U T N C H A A E G L V J P K F N S I L R O
R I O B C F L Z U A W G O A U K E Y M I R P
I L Z O D O I A U D Z F H S J R S Z G E J B
E T O N C H D R E I O J N A H Y S E O F T A
M Q Z I O E W I D I O N B D D Z M U R H J R
R K N D A A L O X G G A A N O R M T I S A B
S Y Q Z D T U V A U D C X E G V B S T T C A
O A H H W H O I U T H I T S D W Z B K Y R R
B Z B U F E F S H I C Y E S J P P F D V K R
G H A M C R I B Z R V A R U J K J N E H T I
R X Y U V L A U R A B A X T E R E I O G F G
X Q I I X T D R O W N I N G R W N L G V U O
Z J U U N J R D C Z A P D E A T H N Y H D S
```

BISHOP BARBARRIGO	BLINDNESS	CHURCH
DAUGHTER	DEATH	DISBELIEF
DROWNING	FLASHBACK	GIRL
GRIEF	GUILT	HEATHER
HOTEL	JOHN BAXTER	LAURA BAXTER
MARRIAGE	MURDER	NICOLAS ROEG
PRECOGNITION	PSYCHIC	PURSUIT
SADNESS	SERIAL KILLER	WENDY

An American Werewolf in London

```
G L P E F N L Y U B D B N X Z W C M O H C L
J O F M D Y Q Y P S G I E M B U X R Y I Z F
T C N S A G J P N S Y U S G H O S T L D T B
P U U U Y C U R S E G D G B Q Q B L W K A J
B H R A L E X P R I C E V K E C Q B L L Q B
V H S Y W S T U D E N T F N S L Y N M B M X
U Q E U D A V I D K E S S L E R I A K E O A
G D O C T O R H R L I M S B V R F E V S N O
A F F Z Y X N L I M A I L J O Q A O F F S Q
M A C L E V K L A R D R K E B O L M P A T A
E A A O A W K E G N T W B W N P Q O P M E S
R U Y N O L R A A W N J W A Z G G A L A R H
I N X D O D T L X X Q H M E E K L B L A G Y
C D T O M N N P Q Q U D O W R N G A V R S E
A E Z N E H X J V J O O M S O E J R N K B H
N R G P O N Q X D O B Q W O P O W D Z D E F
E G U J H T T G G M D N M Q J I J O Y U G J
F R I Q C V O K U P W L L W E J T U L B N O
W O L Z L T C J T L L E D V K X Q A I F H S
V U T X P A N U L U S N C M D T G K L F C M
A N D W J S T F F Q K Q N A G C E U T R D F
Q D R Q B M N R N J X B N I G H T M A R E U
```

ALEX PRICE	AMERICAN	CURSE
DAVID KESSLER	DISBELIEF	DOCTOR
DREAM	ENGLAND	FULL MOON
GHOST	GUILT	HOSPITAL
JACK GOODMAN	JOHN LANDIS	LONDON
LOVE	MONSTER	NIGHTMARE
NURSE	PENTAGRAM	RAMPAGE
STUDENT	UNDERGROUND	WEREWOLF

The Thing

```
R P O S S E S S I O N S Q F Y U J O R J I K
J A Y R L S S Y D S H J S S L G C V G C S O
U M J D Y D L V R O O C U L T O J N Q D L M
F E N S L L Q K R D G P J U H C I H K G U N
B R U I I O U W U S Y A P A B T T R T A U P
B I H V X U Q J P Z U A I Y F A A U L F F D
Q C S Z A D V J R L J O C I B L R A H L T C
P A A L N C W G U N N V H D C O Y T A T L L
I N G G T M A N I A C S O S E U X S J D T Z
S H J V A J C A R S E O O U D G P T O M T B
O O T N R U W A Q P L S F A I E I O P L W O
L R E T C C P D A B G O J M Y L L G R P I M
A R T N T J A H Q C B L A I R B T R K B M B
T O S A I J S M F B R H M R R F Y I P U A A
I R Y D C T Z T P W J E Q O I F E N T S S R
O O K R A K G A H S K Y A I G T R D T H S D
N T T Z E P O B S X I A H T U W P H U Q A I
S K I D O Z E R O N U T J B U K Y O T O C E
O M U W T H I N G F D Q E O O R E U A B R R
A L I E N C R E A T U R E D M I E S F P E N
K H X R J R O V C X T C D Y V R A E M C P P
O Y G V S R M A C R E A D Y B V Y H V P Q B
```

ALIEN CREATURE	AMERICAN HORROR	ANTARCTICA
BLAIR	BLOOD	BLOODBATH
BODY	BOMBARDIER	CAMPSITE
CHILDS	CLARK	CREATURE
CULT	DOG	GRINDHOUSE
ISOLATION	MACREADY	MANIAC
MASSACRE	PARANOIA	POSSESSION
SHAPESHIFTING	SKIDOZER	THING

Paranormal Activity

```
L Z K O X Z R A Q I Z N V I J L D E J I B N
A J Y D V E Q M D A H R I F T G C X V H Y Y
T S L I B J N I P L E I D G L H G Y O D B Z
W D G M B O H S T A Z A M D H N U L B E P R
Q A A P U S G H I G J G U E I T D H N G C Q
I R G L K N G X B I K K M M K S C A V Y P G
W K V V S I H C B T C A A O I D I U Y E S D
Z F X H R X I H M H P E T N C D H D Q M Q E
C O B F O S H D Z D R A J I H F E I J H S H
L R I K P R A K A C N Y R H E Q X Y V M K U
P C P Z Q A R U S R N G B A L X K Y U M O T
H E O Q A Z N O H Y K B P E N C A M E R A E
E L S J C O J I R B B N J U D O C O U P L E
D T S R D M R T C D Z N E S V R R O X R P Q
R I E F P M X S E N P L J S K M O M G C S Q
E F S G O B P T C A X S T V S U K O A Q A N
K M S V Y O N D D A H E Y R X R V G M L F H
Q J I O B U T Z Q G R G B C A H O V E W X S
Z L O C A F R A S C V E V D H H O U S E N R
F W N H A O Q P G V W I Z H C I M P E O A S
Y K A K G H I D S E N P N G A D C K P P J R
X K I Y H Q S U P E R N A T U R A L X X X T
```

AMBER	BEDROOM	CAMERA
COUPLE	DARK	DARK FORCE
DARKNESS	DEMON	DIANE
FOOTAGE	FRIGHT	HAUNTED
HORROR	HOUSE	KATIE
MICAH	NIGHT	PANIC
PARANORMAL	POSSESSION	PSYCHIC
SCARE	SCREAMING	SUPERNATURAL

The Omen

```
R A B P O H N Y Q C X T D F L A J P M O R Y
Z M E A X H C Z U V D J E Q D Y A M K Z R K
J D Q N C X J N R X F L V T E T O R L I B I
W L X R A O B D P Z E M I J M S N P D V G C
C U U O G N A K G Z B P L D O A X A P J I M
O H Z I N G N P R B A E R Y N T O I N E F A
C H M V I X M Y T L A M O I B A S M D E S H
H R R P D A E W S A B G B D E N W N E K K O
F I O R O T T W E I L E R A Z S E K D N Y S
L C B O J U C A T H O L I C S I T K A Y V P
J H E R Z K Y K U I B L X K M S M O Z M P I
C A R P E W G U C I V O B A A K A H S E Q T
P R T H P Q X E J L R I D T Z T O D G Q E A
C D T A Y R U L O E Z B L Q A M H V O C A L
Z D H N T Z A C G C B V V L B I V E N R U O
G O O O F H G G B I B L E F A X D E R D T W
M N R U G E A X S B P G J J K I L B O I Z A
R N N R D D A Z D I I Z M N G O N Q Q Q N C
E E C F N Q E R Z G L H O J I H Z E Z P E E
F R K I E D Z D H S Y M K V H P Q K S Y Q I
Z Q E R I Q Y B O R F S S S S V P M G S X S
C E M E T E R Y B A B Y S W I T C H R S Q J
```

AMBASSADOR	BABY SWITCH	BIBLE
CATHOLIC	CEMETERY	CHURCH
DAGGER	DAMIEN	DEMON
DEVIL	FEAR	HOSPITAL
KATHERINE	MONK	NANNY
OMEN	ORPHAN	PRIEST
RICHARD DONNER	ROBERT THORN	ROTTWEILER
SATAN	VILLAINESS	VIOLENCE

Carrie

```
O W D I W W G U B U V I P R A N K S D Q V B
G L P R O T A G O N I S T K R E C V O D I S
J Y V W R W H K F K A F L E S N U Z K G U E
D I B U L L Y I N G R L W Q H C Z N B E E R
K V D P R A Y I N G E O F Q Y A F M L G O T
T P V Y S J U O K N H N Z B N C J J N R U J
D I J S W M V D S S X S Y T E O O E R T C M
S T V C W G S E F P I E S T S W V O I Y R R
S Q E J P I U R H X B P Y B S E H S U T U V
W M M L D S F I J E G I R O R H H O E Z E C
H E B P E V E B V B D C L O G D M R G S L G
O N K I I K Z J B U C K E T M C A C Q Z J A
J S H Z L G I C L I Q U E E S G R D P A O Z
J T D X W L B N C A R R I E R C O T O B K J
Z R C V L Z Y L E E L G O A C P Y F H U E Y
R U C E U O N N O S Y B M H L S G P I S K G
F A E Q L J U Y O O I E L F T O S L U I K T
B T R V X K F J A L D S Y O U R S M A V V J
Z I Q V Q Y M Z Z H A G R H O T U L R E R T
G O T O M M Y R O S S N B V I D W Y S G Z R
J N B R I A N H J I O D Z T Q J X K G F J Y
B P S Y C H I C P O W E R S W C T M E N G Z
```

ABUSIVE	BILLY NOLAN	BLOOD
BRIAN	BUCKET	BULLYING
CARRIE	CLIQUE	CRUEL JOKE
HORROR	MARGARET	MENSTRUATION
PIG BLOOD	PRANK	PRAYING
PROM	PROTAGONIST	PSYCHIC POWER
REVENGE	SHOWER	SHYNESS
SUE SNELL	TELEKINESIS	TOMMY ROSS

The Descent

```
C W G E U N O G F V Z P J B P R H T T R R W
L B D N E I L M A R S H A L L Q A Y B N P K
A R K C C T T P P X J F G S U R V I V A L D
U O K H C P P V P O I Q N Y I U F H V N Y B
S K J J C H E A T I N G X K N L T A B R X K
T E X Q U D A M U V C A M S F W R L L E X U
R N D V C N B P M M R S R K I W F L I B J L
O L I I V M O A T F L A R E D F R U N E T A
P E S O M I U U D H G I C T E Y I C D C T H
H G T I R O O U B D P Y B O L Z E I N C S U
O Y R L T P N L H O L L Y U I T N N E A P M
B J U G V H S S E I K T E S T F D A S O E S
I L S B Q E A Y T N S M S X Y H S T S W L R
A Q T Y Q O Q O X E C P O A P B G I R B U R
Q J M D T B C A P K R E Q C R E I O K E N L
B R O T C G I R L Y D O I T W A D N A T K C
P A U N I H B H E F V Q Y M T S H I S H I R
H A N D Q D E K O A W C D Q V K X S T L N K
A E T R Y V C H U R T T Y G N V F Y H I G D
Y K A B A C O Z M B R U E Z H O U W E G O O
W J I C M F G N Z Q E O R F P K V L D N C N
K N N I M S O W O Y M Y R E U D U W K U E R
```

BETH	BLINDNESS	BROKEN LEG
CAVE	CHEATING	CLAUSTROPHOBIA
CREATURE	DISTRUST	EXPEDITION
FLARE	FRIENDS	HALLUCINATION
HOLLY	HORROR	INFIDELITY
JUNO	MONSTER	MOUNTAIN
NEIL MARSHALL	REBECCA	SARAH
SPELUNKING	SURVIVAL	VIOLENCE

The Ring

```
Q H X E Z G O R E V E R B I N S K I U C Y Z
B S M L M L I G H T H O U S E R N W B C C Z
P R L K U U K A F H D I M Y L S B U L T N B
T D Q P U N U C T J F T K D L T J U R U W C
A K L D Z D Z U G Y T O T N W I K M O F P O
E I X E P E R E Z V I D E O T A P E R Y J M
S D N Q B A M Y S T E R I O U S G I R L L L
Q S G T W D T R I C H A R D M O R G A N I I
C U A L E J N P N L Z Z F R I E N D U L T F
Q P B C A R I O E W H C K Y N J Q L E O T L
V E A A V X N W F G G S O R T E F L W N L A
B R G M H D I E H M K A T I E F E O D G E S
V N A H U Z T R T F D M G W E H T A E H G H
N A R P O E L W U H H A N S C S H U A A I L
O T E D Q S O A B X O S N A I Y B F T I R I
A U C L V A T I K I N E R L Q Z X C H R L G
H R H M G R B D F K P Z A J G L A G V A Y H
A A T M Z U W A S S Z N H S D I N U T V V T
U L L F R B C N U B R Q X T K I N Y V Q C Q
A Y V E G H S S Z U B L C I R E M K B F O L
L R O E K X G A O N W C F M E M O R Y H H T
D W O R R F W J Q Y Z M E S O K T P E M O U
```

AIDAN	DEATH	FLASHLIGHT
FRIEND	GHOST	GORE VERBINSKI
INTERNET	JOURNALIST	KATIE
LIGHTHOUSE	LITTLE GIRL	LONG HAIR
MEMORY	MYSTERIOUS GIRL	NOAH
POWER	RACHEL	RICHARD MORGAN
RING	RUTH	SUPERNATURAL
SUSPENSE	UNDEAD	VIDEOTAPE

The Blair Witch Project

```
G L F X E G I O F O U N D F O O T A G E U M
A J O Z R H E A T H E R D O N A H U E H L W
A J L M H Z V V Y O Z Z R O G G J E K M T R
Y J K D A I N D E P E N D E N T J D W F E U
D Z H A U P I S U P E R N A T U R A L A D O
Z J O N J H T E Z P Q Q K T H F A Q R K U C
M O R I J U G A V M A R Y B R O W N R E A W
I S R E Z Y H Q Y I Y H I M M H N T S D R I
C H O L Y V O V S S L A W O O D S E W F D O
H U R M E M S H N I W W R W Q Y Y N S O O W
A A S Y L P T L R Z C E I H A D H T E O S D
E L N R L B T T E F K J A T O O W G L T A Z
L E O I I O D S I A R O F R C R C C Y A N V
W O S C N P Y W M G S I D O I H R D L G C Q
I N U K G N I M N H C Y E H R N W O Q E H Q
L A R H Q P L I E B R J Q N R E G D R W E Z
L R V D T I N C I O E W G M D F S S L V Z V
I D I A F B S G E D A K J L Y S D T V B W Y
A J V I Z P W T G T M T P D S F H I T B Q K
M L O N I V D W L P I F X U D J K I N P M S
S T R I L W A N O S N I C L D C T A P O I U
O B S B U H Y E B K G H V P Y O I P O D J K
```

DANIEL MYRICK	EDUARDO SANCHEZ	EVIL WITCH
FAKED FOOTAGE	FILMMAKER	FOLK HORROR
FOREST	FOUND FOOTAGE	FRIENDSHIP
GHOST	HEATHER DONAHUE	HORROR
INDEPENDENT	JOSHUA LEONARD	MAP
MARY BROWN	MICHAEL WILLIAMS	NO SURVIVORS
SCREAMING	SUPERNATURAL	SWEARING
TENT	WOODS	YELLING

28 Days Later

```
N I P P H S H K E K X G O F E M D H F J V M
R V R A K U C R N N Y D S E Q O A V W H G H
H Q W E K R U S G A B X X V Y N N I S J U O
G A I O L V E G L K L T N C W S N R C I K S
M N C T H I B R A J R N I X Y T Y U I M T P
U I Q D U V O K N A K Y Z A N E B S E P I I
J M X B N A W W D Y V V B Q B R O O N O F T
M A V M U L V T B I E C K Y U H Y A T J B A
B L A D A W Y D R S E L E N A B L I I M T L
B S O X Y J Z O M B I E E H D Q E B S X T I
F O Z N J H O S A P O C A L Y P S E T X L B
N B S Q D I G R P C D B N M I L I T A R Y B
Y K S H Z O N H H W I D A W O M I U U V C Z
J Q F C U W N F O E S C A P E J L A Z E H B
R B D R A M A U E S N H A P D C M E S E I A
M D N B Z I S J K C T R K T J B A Z B P M A
N C F S J S P D U A T T Y M T A S F Y I P R
H E R T O K G M U F G I O B G A F N N D A F
X P O X O W T C E X M L O W K C C Q R E N T
U H T A Y S I Z T X X N K N N L O K A M Z X
T L X E H I F B W Q B O G U W J P B G I E B
X H L A B O R A T O R Y K U M I P R E C E L
```

ANIMALS	APOCALYPSE	ATTACK
CHIMPANZEE	DANNY BOYLE	DRAMA
ENGLAND	EPIDEMIC	ESCAPE
GHOST TOWN	HOSPITAL	INFECTION
JIM	LABORATORY	LONDON
MAJOR HENRY	MILITARY	MONSTER
RAGE	SCIENTIST	SELENA
SURVIVAL	VIRUS	ZOMBIE

The Fly

```
N T E L E P O R T A T I O N W E G R U V O A
O U A R S M F S T A T H I S B O R A N S S T
E G H W G E B K F Y J E U B H V F E A R E H
D G J O Y K Y Q M I A J V S G E S W C D T L
Y C P C R B A B O O N H E N G A I T O U H E
D U K Q J R N I Y M L O I T R A N R V F B T
A V M C N X O D S O P L Z E L R V Y E Q R I
V S X P C V R R P I T R M Y E B E R E Y U C
I M U K R O E O F S W A B T A K N M S I N I
D M Z G E J T R E J C T R O J B T S M X D S
C A T C A B T R O O O O A Z D N O G Q N L M
R D A I T R W E E N P U C W M Y R M K I E C
O S P S U M Z D Y E I L R N L H W Q N C N S
N C Q N R A I L R H C C L N C Y T O F W M X
E I B A E V F E R W L D A J A N E Y R D O N
N E Q V Y T L T G S P V E Q W L T B L R J T
B N X P S A C S H Y W W Y H U I I G Z H O G
E T W M M E E E O B J M K D N A J S U D I R
R I O E S R Z E W D R E M A K E I U T X X M
G S F N O Y X N L X R I S J H M Q F Y F M K
M T I G L V C O J I W N I B T I I I E C R W
J K G K F U R X S C I H J G R Q R S R C E N
```

ARM WRESTLING	ATHLETICISM	BABOON
BODY HORROR	CREATURE	DAVID CRONENBERG
FEAR	FEMALE REPORTER	FLY
GORE	HORROR	INSANITY
INSECT	INVENTOR	JOURNALIST
MAD SCIENTIST	REMAKE	SETH BRUNDLE
STATHIS BORANS	SUGAR	TAWNY
TELEPORTATION	VERONICA QUAIFE	VIDEO CAMERA

The Others

```
K I J T B U F L W L I B Y Q C D N B W V I K
G E F G I L N I G H T M A R E O M F G H L B
F H O J B H I E F U A M E D I U M D J N C K
O D W F M M A G K P Q I X L V D Q A W F U N
B N X C H R O U A M D N X R P T N Z R A V G
R K W A Y F S N N Z C D V A N I H O S A S O
M D K K G V K M K T A X J E A F C Z U P J M
A M L H R Z G P I V E C C T L G D S I P P H
R X I Z F H F M Z L E D R H O O A N C Y H K
I Y T C V V D T K Q L U H B I I R O I U Z S
O M T B H O Q I H F C S F O Q L K V D B E F
N A L G C A S H Q P B G T K U I D H E F R Y
E Z E O R R R N A C R Z D C X S C R E A M V
T U G Q V A E L E U V A K R R W E E C S X I
T R I F W V C E E P N X Y H W C M I O Q W P
E V R Z G N P E P S A T N E U G L K D Z C K
O R L G J W M Z A Y Z U I E R O J L G M A C
B L L G H Y V U M O I S L N H G O W Z O W R
Q W M X X B A Y R J Y M Y T G S A N N E N X
A G L G H O S T H D E T A F I L I C I D E B
M T E R R O R J G Q E C I Q A P L B N U G I
R U H T I P M S R P H R T X L V V Y A Q M S
```

ANNE	CATHOLIC	CHARLES
CHILD	CREEPY	CURTAIN
DARK	FILICIDE	FOG
GHOST	GRACE	HAUNTED HOUSE
HAUNTING	LITTLE GIRL	MARIONETTE
MEDIUM	MRS MILLS	MURDER
NIGHTMARE	OLD	PRAYER
SCREAM	SUICIDE	TERROR

Poltergeist

```
Q D Q C S T T S C R E A M I N G F Z G F U I
J C E B E S T I D N M I B U A Y H N R Y M G
I G R Y G X Y R E R D L B D G X I G A S N R
K R Y O C I I D O S A M A Q Q L N D T I E Y
F B J H E B X B R R T J S G E I K Z L P L C
Y W M F D E H L G R W J N E L J E E O A P I
U D U A X G R F H U S I R E X E E O M G O D
W L E F I I T T N Z T F E H R R H R W G L S
Q D U E G T H Q L N L R P T F E O L O Y T U
Y O N R W E P U U O F B F E B N C D E H E P
G D Z P D U O A R E F X V O A P P I P A R E
H B M L R H H A N Q C E T R M C C U D U G R
O M A X L D C A G G T N A M N L F J C N E N
S N R X E V I L K S H P Z R I O G O C T I A
T Q T W S D X H S Q J O K S P W Y A Y E S T
H Q Y P H P M Z G J J R S G N N E E V D T U
U X R O O L H H V B W C A T P S H X E H Q R
N E Q T E L E V I S I O N T P H K X H O N A
T G X R N C V Z F D D C X R C Z I Z O U K L
E I N V E S T I G A T I O N W K I Q Z S Q F
R C Z K S V Q I D B G C A M E Z J O Z E U M
O C F E W K A Y L S J I K L M Y U C H A H G
```

CAROL FREELING	CLOWN	CORPSE
DEAD BIRD	DIANE FREELING	DOG
DR. LESH	EVIL	GHOST
GHOST HUNTER	GIRL	HAUNTED HOUSE
HAUNTING	INVESTIGATION	MARTY
NEIGHBOR	PARANORMAL	POLTERGEIST
SCREAMING	STEVE FREELING	SUPERNATURAL
TELEVISION	TOBE HOOPER	TREE

The Cabin in the Woods

```
C P D G H C V K B K R I A P H O G R Y B D A
Z S T O N E R I F U P I P U D X K R C M R W
J O P Q Q N I W Q I X B X G N H K B U F E X
I X M L O V E C R A F T I A N O U T R V W I
B O P B T T Y J U L E S P D R M D M T S G K
V J J L I V E X B L R R T E Y A T Z D U O H
T C Z G X E O E X Y N E H E H G Z D A M D O
N T O R T U R E N W D S Y W R E I A N V D A
Q C Y G O S J X O A A X T C G O R E A P A N
G G X T K Y A L S L G S Y D M G A R P O R M
O Y C P G B C W S B E E Y O Q V L P G J D Z
Y K B D T Y Q P F R R R R Q X T M H B U D T
U F A R Q Y S U O J E Z O R G B C E W M S C
P M L Z U Y R F W T M O N S T E R R W T U X
B V H H T F R I E N D S H I P R V O J O R O
T I D R P B T U H R T J H F E T N M J W R W
Z W A X O P H J V K E R Y B J C W O N L E T
Q M V J P J Z Y C I H Q M U C O T N I C A P
Z E L A O R D M Q K C A Q U H X I E E A L R
N X D T R U M A N A H T T L E O E S U B I S
G B E T T I N G N C E R I S F G G O T I S G
F Q N T X A G M V T I G Q M Q D U N S N M B
```

BETTING	CABIN	CHAMBER
CLOWN	CURT	DANA
DREW GODDARD	FOREST	FRIENDSHIP
GORE	HOMAGE	JULES
LOVECRAFTIAN	MARTY	MONSTER
PHEROMONES	SLASHER	STONER
SURREALISM	TEENAGER	TORTURE
TRUMAN	VICTIM	ZOMBIE

Shaun of the Dead

```
E N Z O S Z V E C S Q K Q W E W F R Y Q E B
W N J T Z X T B R I T I S H U R P D A S E A R
R F R Y D O O B S F S S P E E Q G V U R O J
E F J I X R M S W O W Z H H O N B O A I W E
X D M M L Z E B F O R L S J I N H M P E F J
I J N K U D R A I W X A D T Y D T E H E N C
D H F S D A Y R M E L O A X N H H L R K C C
O S W R I V F G B S O E I I G T E O C T X A
R W S M L I N U N P H Y R I A C T O H Z A J
Q Q F Q A D B E M S T G N E I A R G G J S G
W E K O K R E W E G A G D F V A I L V O Q T
M W K X V T Y L U A X W I E E R O E I B P B
N S O H G X F T J G M R L F W E E J K Z Z Z
S E H K Z Y J A N K C E R R S R V X B K P K
O Q D A H S L G G A R O A P P A S F O R R R
J F A I U Y E J S N R G Y Q B L S O E V P G
V K V G A N R N N R D L X M R Z B L X D O A
V S B Z S N A W O E A U T D V R L F E D D W
U F Y U H M N H E C H S I T T I C P I D E N
Z Q E Z U S A E O M Q N X C K G O U Q P E S
Y M N H B Z E P Z D U E O K X S F G M U W R
Y L V U R A A S U P E R N A T U R A L B Y X
```

APOCALYPSE	BOOK	BRITISH
DAVID	DEATH	DIANNE
DREAM	ED	EDGAR WRIGHT
ELEVATOR	FEAR	FLESH EATING
GRINDHOUSE	HORROR	HUMAN SACRIFICE
KILLER	LIZ	MARY
NIGHTMARE	PUB	SHAUN
SUPERNATURAL	TEEN SLASHER	ZOMBIE

The Wicker Man

```
K O B F D U T R E G E N E R A T I O N O H W
F A R J K L O R D S U M M E R I S L E S O C
B H O P E G L L H P A G A N I S M X I Y K O
U U B N Y A V W Y C P L D A E P W T Q G P M
Y T I J F T N C U L T T J Y E T I S W O U M
Z Y N Y E E L I L L V E R K V R A X U Q A U
E W H D H A H D M F R E J A B S K Q P M R N
X C A L Q C F M R A T S Q S R R O T K D E I
U V R O E H L O G E L U R E S E C R E T G T
S L D W E E R F M F W J D I O D Z C E D E Y
E W Y E I R Q E U K O L R R T F D S C H N K
R M I U E L C O L O A L X L C U O I D I E X
G Y K T P Q L X Z A O Y K U L R A N R F R S
E F I I E Q R O N S U Z D H S A A L S J A B
A V P O L I C E W I L Q J S O L Z C I V T T
N X J G T L L T D O N L I G S R F E A V I K
T B M V S O E Y B D F M B I P V R D M S O U
H C A W U K V R L L E C A K F Y R O C D N T
O H A E K I L L I N G U J H P V Q Y R X Y N
W H W V B D I S A P P E A R A N C E L C S D
I H A T E M P T A T I O N P Z U T V J F Q P
E M Y X M C M C Y L P C P G T H V G R H W N
```

ALDER	ANIMAL	BRITISH
CEMETERY	COMMUNITY	CULT
DISAPPEARANCE	FOLK HORROR	ISLAND
KILLER	KILLING	LORD SUMMERISLE
MISS ROSE	PAGANISM	POLICE
REGENERATION	RITUAL	ROBIN HARDY
SECRET	SERGEANT HOWIE	TEACHER
TEMPTATION	TERROR	WILLOW

Drag Me to Hell

```
U A O K L K Y O J G R A V E Y A R D U E V M
B R Q O B H D V Y K P V J E M O J L L N G U
H X C E M E T E R Y H Y Q E T U D P H O L G
T C J J V H H R W R K F A S W K J E N G E C
A L S T G D P V E G O I I T Y E P Y M S G H
X A N I B R N T E W Y G N B M E L P K O R R
Q Y C R D N S P F V O H H Z L Y L R E P N I
L D Z C D N G U L L I T D O P O P D Y N Q S
M A E H O K Z W O I J L P E S B O P G X N T
O L H M U V U H C O C Z E H E T L D H O U I
R T A D M L C I Y Z O R F Z D P C S I Z N N
T O T C W Y H S T R C J N K E N U T H A F E
G N S V S C C N Y H Q I P G C N A M R O S B
A Q G P Y X S L U A G D M Y A T I E N O S R
G N F S R K A E W M D E L G I K U T V K D O
E H P T T F M A G J X A S V G V L A V X W W
N E A S P P R X K A E R E I P J B P Z B N N
V L Y J U E A M N S M L K J B F I H Q D G Q
G L J K E E I C X M E D I U M Q W O S X A Q
Y A D Z L J M E H Y W F X X B K S R R M Q Y
U I N K J F I P O L T E R G E I S T R U V Q
M Y Q J J S T E F S K E P T I C I S M V J H
```

BLOOD	CEMETERY	CHRISTINE BROWN
CLAY DALTON	CREEPY	DEMON
EVIL	FIGHT	GHOST
GRAVEYARD	HELL	JEWELRY
LEVITATION	MEDIUM	METAPHOR
MONSTER	MORTGAGE	MRS GANUSH
POLTERGEIST	PSYCHIC	PSYCHOLOGIST
RHAM JAS	SAM RAIMI	SKEPTICISM

It

```
F V H R N E V C R E A T U R E I J W P C B B
U D P E N N Y W I S E Z N S R X H T E N Y E
V X R V F J T X H Z U R G U F M T E W N Z V
F M O S R U X E H E W L C I D O E B R T Y E
E H G U V K E H R R G D Y T G N E I G P D R
S M S P N F Q H E R G C N O W S N L U L K L
M W S E V J G L E D O L S O P T A L B D I Y
A F V R P Y L B O L G R L Y B E G D B E M M
L X E N I I M O M G D C V H I R E E S A Z A
L M R A K N L K B T H J E H M M R N U T N R
T I C T R B F B K K E X Q P S H S B X H O S
O S R U R D V P O X V A R I I U H R Q A V H
W S C R R M S Z F V A E D A E L B O O G E D
N I H A G W A L D Z S A Z U V X J U W D L A
P N I L I I D Q A U S R N Y I B Z G W M J B
L G L V C J I L O Q F G C D L A S H E Y A A
P C D X F X S H O O C G W Z I L A M S V J N
F H E D T D T U L Z T C F H R L W I E Q O D
N I A A U Z I U K M L E S V C O K Y Z Q I O
V L T M O Z C S Y O E D Z V K O H Z T D T N
U D E N N G W Z I H G M P C U N E Q V W D E
P O R E X A N S S R I C H I E T O Z I E R D
```

ABANDONED	BALLOON	BEVERLY MARSH
BILL DENBROUGH	BLOOD	CHILD EATER
CLOWN	CREATURE	DEATH
EVIL	FEAR	HOUSE
KILLER	MISSING CHILD	MONSTER
NOVEL	PENNYWISE	RICHIE TOZIER
SADISM	SADISTIC	SMALL TOWN
SUPERNATURAL	TEENAGERS	TERROR

Nosferatu

```
F O L F R I E D R I C H M U R N A U U O H A
Y E U R O P E K T R A N S Y L V A N I A Q P
F N O Y S C H N W M Y R P L A G U E A U S M
I A T F N J U T R S D R A C U L A M J K K F
W E V E G H L U G O T H I C G Z U X R R W R
I X R P A U A F I C K E Z I O H F A M Q E Q
E P I K C O N P O C P A S A W N M L Q T M Y
F R P C L B I R G H D U I S E G I S S A S F
H E O N O S F E R A T U O E N F Y N F B U L
L S A C O D D E A T H X I A T V O I R N Y R
O S J R R W A U M X H O F N Q M T G K O G E
I I V C Q E R U Y Q S Z E K V A M L H C R Z
D O T N Y X E N G A C L X Q R P U C N T A F
R N P D H U A P Q V I O T L L B J N V U F L
D I C L O M N Y Y S E E V J I X E B Q R O B
S S O W R V A M P I R E F C Q L J Z J N R G
I M Z E R S Q H K I C A S T L E Z G T A L C
V I G W O Y G U L T T T V E K Y F Z S L O L
W G C Q R J C T Z G D S A C R I F I C E K M
Z A V L J G Q T W R A K H U I U B B B K C T V
A A L F Z L A E D B T F G L T J G D B L V G
H G O S G P U R J V A M G E F E Z C W D Y G
```

CASTLE	CREEPY	DEATH
DRACULA	ELLEN	EUROPE
EXPRESSIONISM	FANG MARKS	FEAR
FRIEDRICH MURNAU	GERMANY	GOTHIC
GRAF ORLOK	HORROR	HUTTER
MONSTER	NOCTURNAL	NOSFERATU
OCCULT	PLAGUE	SACRIFICE
SILENT FILM	TRANSYLVANIA	VAMPIRE

Hellraiser

```
O O N F T K K I S A D O M A S O C H I S M N
B D G G H E L L R A I S E R U Q I V Q N P N
O B K D M G K Q F H Q N E M K G Y L X V R C
D U Z E E O D P U F Y Y A E S Q U K C O C Y
Y W C M T R U H J M E G T G F N W E R J L X
H W H O Q E F D H M O N S T E R U R C B I U
O F H N Q H Z M K M H O A K G T E K K R V U
R K U R Q P E P L S Z O P V I T Q G H B E W
R S M O Z G R L S E S L R U A R O W A L B K
O A A A P Q X O L Y C M O R Z D S C A I A D
R D N K I H V C A N C K Y S O Z W T S P R S
B I S C N I X F R I P H X G L R L Y Y I K N
N S A M H P Y I I E Y K O E F U Z E Q K E N
W M C D E E F O W X A K H T U V F G B U R Y
N C R M A F M L S U J T B O R W A X C O G G
R P I O D E R D R C K O U C O O G F K D X N
A E F L S O I A Z C E Z Z R H K N O Y V G M
P Q I U A D O I N K B J L S E A L I A R J L
Y J C X B R P M O K A U U K G R I D C I S Z
I J E R Y J R X C D E B H L S M T N L E L D
A P O R T A L Y S W O O O E I P J R R B U A
A K R E S U R R E C T I O N O A I R N F Z Q
```

BODY HORROR	CHAIN	CLIVE BARKER
CREATURE	DEMON	FRANK
GORE	HELL	HELLRAISER
HOOK	HORROR	HUMAN SACRIFICE
JULIA	KIRSTY	LARRY
MONSTER	PINHEAD	PORTAL
PSYCHOTRONIC	PUZZLE BOX	RESURRECTION
SADISM	SADOMASOCHISM	TERROR

The Orphanage

```
U D R M N W O I N X P R O T A G O N I S T B
C L A W F J Q P A S B A L H C A M I M R A X
G F C R R E V E N G E Q J H O P E U J T U C
O D G J O Q S J I Q A A R Q T N D I O N N Q
O R P H A N P M W K R N V G B H I B E M C G
Q N L H M L P B H R M M U E T W U F V W S M
M U J W M M H I B S U I C I D E M M N A J N
I M W S D Y F Y L W J G S R S Q M O I V Y I
S M L F K W C R P A R O Z O Y V I R R R L Y
S M Q I U A S J P N R Q L U Z T U W E X K N
I C G J E H L T P W O R X D A T J D K F N X
N Q H L F V T J P K A S I C S Q R S C A V E
G O O M K T W S D C G C I A O U R I D K E L
C V S L C B F R Q A X D D S M X Q M U X C T
H N T V A R Q T S N E I T B F W W O G Y F O
I B H W L U E J I M S M M I Y Y I N X A F I
L W X L L Z R E W S C R E A M U B M D P V S
D T O T M Z C A P S R Q K E L P V F E W T V
I D H B S K I L C Y Y D K Q P P J S A V K Z
C H A L D I X X F E A R D H W F R D L L T
F X I Y O R P H A N A G E A D J D U D V E E
C J U A N B A Y O N A C H I L D R E N C N I
```

ASTURIAS	CARLOS	CAVE
CHILDREN	CREEPY	DEAD
DOLL	FEAR	GHOST
HYPNOSIS	JUAN BAYONA	LAURA
MEDICATION	MEDIUM	MISSING CHILD
MURDER	ORPHAN	ORPHANAGE
PILAR	PROTAGONIST	REVENGE
SCREAM	SIMON	SUICIDE

It Comes at Night

```
D Q I J A O K V N W D A Q T B V Z I J R U N
K C T N A Q I P A R A N O I A J U K P E O I
D M W N J V M U Q X N D K O G M Q G L F N G
H Q J M U F U X N A L S V N L W J O N U H H
C H O M I C I D E A A A P K G M W Z Z G R T
T A H V P H Z A J M W F A M K Z J Z R E Q M
K R A X M T Y F S Y Y O N Z N M G Q G I K A
J Y E E V W A F D N R D E N I W D E N R R
U V C Y N F G M E W F E E U A B H C J B N E
Q F F T S R W E E T W S M Q Q Q N I B U Q K
M E X O P H Q I U A N T I J T E H B L O H R
D A E Y N V U W L Y O N C W L A G O R I M M
S R G W D L G L F L R O S O R J N Z W J S M
P G K X U O V S T C D S I A Z M V B Q K U M
F P F A D D W H S S E V S U R V I V A L G H
B B P Z N M M G V N I N F E C T E D I T J O
E U L F S J W T K P K J Z B C A B I N B D D
D K K O B U F R N H O P E L E S S N E S S M
N W S E F L A Q B R E R P C R L U D G Z S K
P D J L Y D V D P X I K H M U W H Z K E L C
K Y I J N H X J W F V T R A V I S V M L N L
A X Z V D X D L B L C A P O C A L Y P S E R
```

APOCALYPSE	CABIN	DARKNESS
DOG	FEAR	FIRE
FOREST	GAS MASK	HOMICIDE
HOPELESSNESS	INFECTED	KIM
NIGHTMARE	NIHILISM	PANDEMIC
PARANOIA	PAUL	REFUGE
SARAH	SURVIVAL	TRAVIS
TREY SHULTS	VIOLENCE	WILL

Oculus

```
E F W L K N P V D L Z Q X G G D H S P N F E
H A A H O X I D E A T H K K R U B V T L K S
M Y L Y P O Q B T P S Y C H I A T R I C E T
V Y A M T W A Q G F K J A F P C I W A N K R
E I N W W O D D P X N P W I S N F B N Z L A
W E Y T I M C E I S E H L Y R V H E O G T N
V T H C N C S U C I C A O V R S O C C K L G
J X O G G Y K G L E D H O U A M I K E W D U
A Q R H T Y A Y G U P H F L S J H H D W Y L
W Y R L S X A U A B S T F P E E P H E W Z A
R K O J U K M H C M Z Q I V Y H I Q R E C T
M V R R P K J L M T I S M O S I S T E R E I
J I X Q E M A R I E I R X L N R A S L N L O
O D B S R D F X S H X O R H D P J J A W L N
Y E B T N Q B H C B I B N O Q W E Q T R P S
A O R W A O M J U U F B C N R X R G I B H G
E C O W T B U K A R H O S P I T A L O N O T
T A T A U U H A L L U C I N A T I O N Q N I
R M H X R B D P H B S H Z U V M K H S X E C
T E E N A P T Z V F X F D F F D H R H Z P D
F R R Z L E M I O Y F A I Z F T W L I I H E
E A Z H V U F R E V O L V E R F Y S P M K C
```

ALAN	AUCTION	BROTHER
CELL PHONE	DEATH	DECEPTION
FLASHBACK	HALLUCINATION	HORROR
HOSPITAL	HOUSE	KAYLIE
MARIE	MIKE	MIRROR
OCULUS	PSYCHIATRIC	RELATIONSHIP
REVOLVER	SISTER	STRANGULATION
SUPERNATURAL	TIM	VIDEO CAMERA

The Birds

```
R N M E L A N I E D A N I E L S T N B F V F
D D W X E W A Z H J E L P C H S A R E W H G
K H V S O M X Z E P P E D A I I E R V C A P
I P B Z A S L B A Z Q R I N O H E Y A S N Q
O A K R Z B M M P W I N O N C T D V C T N X
R N D P K L H O E B R G A A S V I F U M I U
N I S G H N H O D O A R E A T G K C A Y E A
I M M V B S L A F T A T S K W T O H T S H L
T A S E T T E I O P L I C Z M V I K I T A F
H L Z E T D L R M O D A V F N Y R C O E Y R
O A P K G A P L O I T O P E J A N W N R W E
L T C M C V F H Y T T C B L E V L E F Y O D
O T P R D E C H A D F C O F W U Z V H S R H
G A K R E S J D Q B I Z H O P X B P O Q T I
I C S J V A R U O R M A I B M B Y C R X H T
S K C O L I T R L I D T B D R P C J R W U C
T L U T B E L U V D Q N N R S E Z Y O T O H
Y G L H B C G N R S S A O O E J N A R H Z C
S T Q J W F O P A E G T U K C N M N B D S O
J V K C M R A B U X R U H Y Z D N R E N J C
H O H D E W Q T I O Y R D A K X Y E J R Q K
L Q J M Q X C L D L O E E D W R X W R J N A
```

ALFRED HITCHCOCK	ANIMAL ATTACK	ANNIE HAYWORTH
ATTIC	BIRD ATTACK	BRIDS
CALIFORNIA	CREATURE	DEAD BIRD
DISASTER	DRAMA	EVACUATION
FEAR	HORROR	LYDIA BRENNER
MELANIE DANIELS	MITCH BRENNER	MYSTERY
NATURE	ORNITHOLOGIST	PARANOIA
PET SHOP	PROTAGONIST	SCHOOLTEACHER

Creep

```
X P A T R I C K B R I C E M G W G H H Z G J
U D W G K T Y J G M Y K M U R D E R I U H Q
R R P O Z N E D S P S Q N R O O V Z Y U C O
R U H U L H O M E R G R N I R C C N S W Y J
D G U N D F A E E N T X K N F J O J D O E H
V G I T V T R K I D O W L H G E N E S V H V
J E C X Y C L K R E I V S U S P E N S E J N
X D U S T A I J B F M X A G Y J H C E Z E J
P N M W T H Q K K X I D H G I V F G V N K T
P A A S H N F I L M M A K I N G A T B S T K
Z P S Y C H O P A T H M C N S T E F M O Z V
U G Y N E C K L A C E A S G O Z D M Z M P I
W U Y R S P Y K V A Y S R O J G Y L Z I N D
J L J O S E F I R G Y K F Z N Q G K G F C E
G I H R I G U E A R J D E I R J R Y H T B O
O B C Y Z P M D A G N I G H O R R O R U M T
P C R L A A L P R U H G A U K T G I T K G A
N A R O C X T K O R I K V E Z T B H J J F P
T B V N M T K F N D X K P L X M T H B R Q E
Z I G N W X O Q W O O D S P Y A J B G S E I
K N B Z X N K S P J A S S K B J H O Z Q V Y
R L R I H N Y T B Q Y W C D I O D K U R O C
```

AARON	BATHTUB	CABIN
CAMERA	CREEPY	DIGGING
DRUGGED	FILMMAKING	FOUND FOOTAGE
HIKING	HORROR	HUGGING
JOSEF	KNIFE	MASK
MURDER	NECKLACE	PATRICK BRICE
PSYCHOPATH	STALKER	SUSPENSE
VIDEOTAPE	WOLF	WOODS

Funny Games

```
F K I D N A P P I N G X Z I E J Z P W C O U
W W P F Y R M R Z X G O N J Y K U L C C Z U
G G U N S H O T I S C H O R S C H I S A O X
V Y Q L E Y Q V V I O L E N C E N D B N S J
Y U A W A F X S L J J D X N O P X Z M N W E
L U E B P J G E O R G D V V X O P N J A M B
P I B M R I K H U O S C O N T R O V E R S Y
S D N I M Q L O X S X Z W F A V V E V F H T
V R B C U A T I L C H O M E I N V A S I O N
B W Z H R Z I D C T O R T U R E Y W U V P
T U U A D W V E R H S L V Q T Q K O I F T P
N O R E E E L Z O G A I H A K L F A I W M L
Q G K L R D H B W V D G D M L I L E D S A X
I P W H D B J A N P I B Z A S R E D L E T K
E E D A R U B M I S S M B A R S L A K E W O
G T R N C D C K N U M F N H P G K P E J A U
F E U E S D S L G O L L D R M K M C V R B D
Z R S K D Y D F T O T A O W R O A T U O O R
P G M E V P B A G N U C P N L S X N I N O D
K C D E A T H D E A D C H I L D R E N U M P
Q S P M G E G G R D T D W B J L E R J I P H
I L L P S Y C H O L O G I C A L E I G F J P
```

ANNA	BUDDY	CONTROVERSY
CORPSE	DEAD CHILDREN	DEATH
DROWNING	EGG	EVIL
GEORG	GOLF BALL	GUNSHOT
HOME INVASION	KIDNAPPING	LAKE
MICHAEL HANEKE	MURDER	PETER
PSYCHOLOGICAL	PUAL	SADISM
SCHORSCHI	TORTURE	VIOLENCE

Sinister

```
U C E J V B L O O D G A F Y I K N R V I X U
S G T Z W H A N G I N G B H I T X E K X Z K
X F H I H O R R O R W R I T E R I V P N M N
A C R C E L L I S O N O S W A L T N V V E G
W N I G Z S U R N D E P U T Y C E Q F G G B
K V L H A U N T E D F I L M R I L K K I X B
W H L U N F P W D J L M K D K T S O Z O Z Z
O T E J Y V F F U G C X Y I V I Q L H E Z S
N J R F G U B E W R P C U L L T V O F O H D
D B O A D O J W Y L A N J A T L R F J S L V
F U M F Y V S H E R I F F I K N I E E A S T
I R Y U E Y D N T S R D P F K H W N V O H C
H N L S I N I S T E R O N X O Q Y R G O B S
W E A T Z T G Y S N R M O N K Q O M Z T R O
P D W Q M G H P H X P A N I C Y S N B F V N
Y A N M H W O B S B L H G S T F O F W K L K
U L M M D L S F S X E O G L L E Y E I R W Q
N I O B Y E T W L A X E H E F P R U X P Y X
F V W X V L A V W N O C A D E Y I R X F A L
M E E E S U P E R N A T U R A L Z U O J L F
T M R K B O O G E Y M A N J R T Q T K R R X
O G S C O T T D E R R I C K S O N E N G L F
```

ACLOHOL	AXE	BLOOD
BOOGEYMAN	BURNED ALIVE	DEPUTY
ELLISON OSWALT	FEAR	GHOST
HANGING	HAUNTED FILM	HORROR
KILLING	LAWNMOWER	PANIC
SCOTT DERRICKSON	SHERIFF	SINISTER
SUPERNATURAL	TERROR	THRILLER
TRACY	TREVOR	WRITER

The Babysitter

```
L Z R F K F L S H B M I O X G R H A T F F L
W C I A C C I D E N T A L S U I C I D E E U
Z L K D V K Q K X F S A T A N I C B O O K L
V C M L Y V A Q E M A X C V A E S H B S M R
L G C L M L D H S T A B B I N G B L S N R D
H E L B G J T C W B B V S E M W R I K M T X
X U A Z E R Q N O G P C N M M M K B W U D P
B D F W A E U Q C L Q F P Z T T U B P R I D
S H U C P H Q M A Z E Y Z M S X Y A R D S U
A O B C I X R R L V J E F R T M C B O E M I
C M U O R T Y U L T W A I A X L Z Y T R E W
R E I D G E K D I M D F P B I E E S A I M S
I I F R I E N D S H I P Y V C Q L I G R B A
F N I M I N X E O X M D E H F W U T O B E T
I V M E P H S C N M Q X I S A T Y T N D R A
C A N O B O C S T B B X B J E N F E I X M N
E S I M X R Z C O G O Y U V T T G R S L E I
I I E L K R Q S D N R R G N T P X I T D N C
L O M I N O T M J N Y H U D P O H O N F T C
X N E P T R Y K I K T A K D B S R K G G Y U
N Z V D Y L K D T S T R E E H O U S E C X L
B G X O B L O O D R I T U A L S B F Z H W T
```

ACCIDENTAL SUICIDE	ALLISON	BABYSITTER
BEE	BLOOD RITUAL	BULLY
CAR THEFT	COLE	DISMEMBERMENT
EVIL	FIRST KISS	FRIENDSHIP
HANGING	HOME INVASION	MAX
MURDER	PROTAGONIST	SACRIFICE
SATANIC BOOK	SATANIC CULT	SONYA
STABBING	TEEN HORROR	TREEHOUSE

The Ritual

```
Q G Y A W D E S K B A Z R O B B E R Y E G X
D A V I D B R U C K N E R O E C S S Y F F S
W K Y K N P J O N C A N I G H T M A R E O R
Y L Y X Z X S R R R S F P C P I R S G N L S
Z U D A I Y R O P E Y H R T V R D N P L K P
Y K K R C I P N D A E C U Y C O I N A C H D
A E R O F X E D R T F S Z P O K J T G T O V
O K H B B D V F E U E Z I W I C D M A H R T
F J L Q E U F A A R L H B H D B S M N A R T
W T Z W Y H B Q M E S L G A Z I J M R L O L
H C S C Q T H Z P D V B H R N M Q A I L R W
K N Q M M P N O N L W J O A I P G H T U Z T
D T B O B P M E I R K D G P V E X Q U C A H
R A H C E C I H N X N A S F E T F Z A I Y S
M G O S H R P U F U P T Q C S B E W L N R M
H N U D F N Z W G M N F I V D N E N V A A Y
B E M I F C D N P J M F I Y X P T E T T G J
Y S I V L M G O P C I T G R X I B E D I P Y
O G E O F T E I M R N N F L E H O X V O P B
U I E B M G A Q C S U R V I V A L W G N T U
B N H U T C H A N W I T C H C R A F T W H K
E F G W L X S J A B C X C M Z J P J N R C T
```

CREATURE
DREAM
FRIENDSHIP
HALLUCINATION
LUKE
PAGANISM
SACRIFICE
TENT

DAVID BRUCKNER
FIRE
GRIEF
HIKING
NIGHTMARE
PHIL
SURVIVAL
WITCHCRAFT

DOM
FOLK HORROR
GUILT
HUTCH
PAGAN RITUAL
ROBBERY
SWEDEN
WOODS

The Autopsy of Jane Doe

```
H M P W Z V G G W L B N W Y O A R O W Z T Y
R D X I V Z W V Z C O R P S E Z C I R L B L
Q M U T E J E N S A S H F C X J L Z M S L J
L A V C Z V Z S C E L V X V P M S E T U E Y
H H O H A Y I M C E C D Q A M E K M P F E S
S O B C X N V S U A A R E V K Z G J U F D R
Y M H R Y T D G C H P U E A V Z O A M E I F
I I S A Y J R R T E D E T T T B N V Z R N H
S C N F U O J C E R R K A O I H Q N H I G B
M I G T M A O R T O O A M T P J C E R N D S
M D T J R M V L V W V O T O T S R A B G L H
S E M O A Z S O N J X R P I E E Y A U Y C E
D Q V M M U S W J J A G E E O D M W G S L R
W R C R T M S Z P L H N M D R N T P B V E I
B Q N O P G Y T Q E Q P E M A C O Y T Q F F
M M M X Q V S T I F M X R D V L O W C H A F
C C A J T B X T X N N F X O K T L C Q T B
M Y S T E R I O U S L X R S T E H V E F H U
Z Y R E L A T I O N S H I P E G A Y P E E R
G M K V C N W M Y M W V H Y B M G N I T R K
Q J S B E L L P D Y Y T K A M Q G Z K V T E
C Q K D W P E L C S W L P E O R Z K B H H O
```

ANDRE OVREDAL	AUSTIN	AUTOPSY
BELL	BLEEDING	CORPSE
DEATH CAUSE	EMMA	ESCAPE ATTEMPT
EVISCERATION	FATHER	HOMICIDE
JANEDOE	MORGUE	MYSTERIOUS
RELATIONSHIP	SECRET	SHERIFF BURKE
SON	SUFFERING	TOMMY
TOOTH	TROOPER COLE	WITCHCRAFT

The Changeling

```
P T W L C V J J H I D M D X A V C I O T L Z
I J V A K G L P S R Z D A B H Y J N L B C N
K E K Z D Y H A U N T E D N Z D K W O M H U
F N H Y A K I A N A M O I P S U R N B A A W
U I Z C H U K R T D B U Y E P I A I A O N J
X Z D L W Y V M A T I N S J C I O G L Q D W
Q U R A P D Z R T L I M L I P U X N L M E S
B C O I K B R S K G E C O Z C W S N Z A L J
O I W R R K O W G U P D M N J I M H H H I O
P C N E M H I J W M W G E D P D A K S R E A
W H I W G F V O F G O P T H K O L N M E R N
A A N Z C O Y H P R W M E T D W M Z Q V L N
C N G K C A C N K I F M P T E E L L Y E P A
X G V U Q I P Z K E V D B A E R A R K N D X
T E D J O P D T J F L A K U C R E T P G W Q
A L B V N G H W A J F L F I S S M T H E X B
K I O K G F E N Y I Q D E A O E Y E O N F D
L N C H S F H X E V N Y I P O A N N D M V W
N G W P S Y C H I C V V M L X N M A U A H Z
Y P R O F E S S O R M O T P V C H N T U K F
F V G I X C E N V C C Q I D T E C Z O O M O
L N O S X L A E V K P D C D K E H B J X R V
```

ATTIC	BALL	CAPTAIN
CHANDELIER	CHANGELING	CLAIRE
COMPOSER	DEATH	DROWNING
GHOST	GRIEF	HAUNTED
JOANNA	JOHN	MANSION
MUSICIAN	PETER MEDAK	PIANO
PROFESSOR	PSYCHIC	REVENGE
SEANCE	SENATOR	WIDOWER

Don't Breathe

```
X Z K H R M F F M Z Q A D B F G F G E R G J
F W N G C N K R Q C X O Z A S V E I O Y W E
N H D U F O L E I L Y U S S X X D V D S L Z
J H N D L V O F Y W P C U E Q Z E X H D D N
C J H X H K N Q H Z A L S M H R A M O N E Y
S Y O W Y H E B H U L L P E T V L Q J B A U
U R M Q B P R R L G Y C E N G T V A Z M D G
S O E B M Q R A C K X V N T N P A K B V D F
E B I L L O E E B H R E S C M U R I L N A V
X B N W S I E S Q D H O E Q N Q E L A B U E
U E V Z W B N J C T U M C O S O Z M M P G R
A R A J A O W D A A G C I K Q M D D M M H J
L Y S C H H L E N M P S T L Y N F V Q Y T U
A G I Y D W R D I E U E N I I B L L K D E R
S C O N X B I M M L S O P L O C T Y E Y R M
S N N E T H X T C A E S B J B N Q A E G D D
A L R N L E X E N L N A P N M U R D E R L I
U O O T L S S B P E V O J O P E U V G F H O
L D N A B H N I Y M S F R O Z E N S P E R M
T V X D U Y X U G T O S Y N C I Y F L J P B
U W W P W B C L N U V V I C I O U S D O G F
I O G R R O T T W E I L E R T Y I A X D O Y
```

ABDUCTION	ALEX	BASEMENT
BLIND MAN	BLINDNESS	DEAD DAUGHTER
DONT BREATHE	ESCAPE	FEDE ALVAREZ
FROZEN SPERM	HOME INVASION	LONER
MONEY	MURDER	OLD MAN
ROBBERY	ROCKY	ROTTWEILER
SECLUSION	SEXUAL ASSAULT	SUSPENSE
TREVOR	VICIOUS DOG	WITNESS

A Quiet Place

```
X C I I P I K O S X B T Q Y W W M X F U H I
B R I D P R E G N A N C Y U E X G G Y T N X
S V N Y Q M O N S T E R I D I H T A H P H X
A A V W S X R P Q U C S I P V E S I P J F Z
T O A X S J R Q N X R S O R R O T N A S O D
B S S G E I A W E T Y V A K W H N P B X N H
X T I J N Z G Z K R O E I Z W H J P L A Q K
F W O G L A F T T F F L F V O P U Q G A N S
J E N B N X O N S H N M C K A B Z E V W C S
O M U A D L U G Y V Y A F H W L R A S O J E
H D P R Y O A O R Y Q R D A Z A P V I Z S M
N W O E C E T N A Z D C D M M Y F A L P J A
K T A F L J S V G I F U E Y E I Z L E U D L
R B S O D P U H A U U S A S S S L S N C N Y
A A P O N E L G J G A V F T O O L Y C F H B
S L G T H I N N J X L G N E M Z U F E D W O
I I Y H T I Y X Y W E F E R I O E N N P Z H
N E U U R C U U N R E N S I I E Z E D N T Q
S N N A E V E L Y N G C S O H P H T J A N D
K A E F A R M H O U S E D U C V W T E Z B L
I H V O P Q H Y I B Q I J S U Z A D T W P P
E T P O S T A P O C A L Y P S E K A F H G P
```

ALIEN	BAREFOOT	COUNTRYSIDE
DEAFNESS	DEATH	EVELYN
FAMILY	FARMHOUSE	FEAR
HEARING AID	INVASION	JOHN KRASINSKI
LEE	MARCUS	MONSTER
MYSTERIOUS	POST APOCALYPSE	PREGNANCY
QUIET PLACE	REGAN	SIGN LANGUAGE
SILENCE	SOUND	SURVIVAL

The Nun

```
L B A X V V G N E D W A R R E N W F P U R B
F O U O S I S T E R O A N A G J C I N M E P
P R I R B U R I E D A L I V E E Y M Z J I L Z
E V H C O N J U R I N G P N X R V V R J C C
N L R L B V N D D S J F E R E W E T Z S E H
C V A R E L C P T I Z R O P O S L I U K L F
H D U N U X I E I H I B K D P M T M P Z B F
I E E L T D O M I R N Y A R E Q N J Z D Q C
E P R M F E Z R E R O H O N I S I V D T V N
N R U E O F R T C I S C M A M T C I L F C O
L I T C W N S N G I M F Q I C E M E T E R Y
I E N R G I I Z H H S N A J X I Z J M E C H
N S V U S K K C B L O M I T K S W F D V P G
S T P C O E T R X R L S Y W H C Y I G Y N X
L F M I B P N T Z K X C T K X E C V B I W Q
P T V F R U K H I N V R J D T I R Y Y J B Y
R C Q I N D Y Z H J T A O D U D M A J I J Z
R X G X G U Z S D A F X T S Y F R E E H I S
R O Q R N I G H T M A R E I P P I Y U J O T
Y M S H C V I O L E N C E X C T D C Q F K Z
U P T G E P O B L O O D C O X A E G L A Q T
C O R I N H A R D Y C C J M B B N A N Z E T
```

BLOOD	BURIED ALIVE	CEMETERY
CONJURING	CORIN HARDY	CORPSE
CRUCIFIX	DEMONIC	ED WARREN
EXORCISM	FATHER	FRENCHIE
GHOST	LANTERN	NIGHTMARE
NUN	PRAYING	PRIEST
SHADOW	SISTER IRENE	SISTER OANA
SUICIDE	VATICAN	VIOLENCE

House of Wax

```
D U X I X B I C D N A V F U G U U M C P M L
H R E L A T I O N S H I P H Z G Q Q H A A A
X Q J Y F R I E N D S P N V M R X U J I S I
W S C Y X H O U S E B M M I N O V I N G K Q
P N T S Y O W W Q W V K D T T U E B C E E C
N R Z T M B L F C L C F E Z C P K X E L D M
A U T A L E L W L E P X A S I L W R P H K K
N I Y B S X K Y C R S F T I C B U A B I I T
D V G B U A K N E N Y A H I I T P J Y N L E
R W P E H N E H R H C L O M R W D V Y A L R
E P K D Y L T E N A H B Y O C G E C N K E R
D B N N O O H P H N O C T R W Y H N C E R O
E Y N I R S B D B E P J A N I C K C Z J V R
T W V B A V B L R N A U G R S S A N A G I X
O H M L A P S U Z A T Q L U L A N T X G C W
T J S K T V G F F D H T U V B Y D F Z E T J
H D B I Q I A H J T A J E Q J T J I A P I W
H M V E F H F D W H X R E C E H B O S T M L
X J D X H I E X M A Y K P H M S F A N T I O
P X A N O G O F W W A D E N O B Z V I E I J
M W P X Y A I R L U Y I Z S S I S T E R S C
G H F Q X Z Q K F R N K Y N L Z U G Q N H F
```

ANDRE DE TOTH	BROTHER	CARLY JONES
DEATH	FRIENDS	GLUE
GROUP	HOUSE	MASKED KILLER
NICK	PAIGE	PSYCHOPATH
RELATIONSHIP	SADISTIC	SISTER
SLASHER	STABBED	TERROR
TORTURE	VICTIM	VIOLENCE
WADE	WAX	WAX FIGURE

Wrong Turn

```
Q P E P S X T W G O C I N V A S I O N V Y N
A P N V R A O Y P T O R T U R E S W L A K Q
G I G X H W P L M O U N T A I N U C W F L D
W P L W X F V S I M W O R C H Y Y Z R H S D
E D B X Q G T K Y A U R U C K L W E R E B H
S J R Q D E A T H C F R T N R U R T M P A S
T H M L I J Q D B R H X D A H I C W C Q T M
V J I X O K D O P T R O C E T M P T L N Y Z
I X J L Y P S F S K T K L T R G L O W T N L
R Y V A L F D E W H S E A O J X O J N T Y H
G G G P C B R Q V H O L E N G E E D Q W S T
I X W H M O I N S E F R I N X I S V W X E H
N C A R F A V L X Y T C O X A B C S A G A K
I A N T Y G X L L T L P Q B E G K A I N B F
A Q M X G S U G O Y A F I U S M E Q L E Q V
L S N V R E Q C Z J F C R K C C B R Z P G S
Z N M N O D S P X S M H W I L F H X S H U L
T G F A U Q K I L D Z R Y U E P N M A T M A
A Z Z E P C X B I J N I I O S N L B I Z Z S
V O F E A R K P G Q U S E W E Q D Y R D O H
I S S H X T N T F O C I C E O M R S H M T E
U V N W V E I D A T W R O N G T U R N H N R
```

CAR	CARLY	CHRIS
DEATH	EVAN	FEAR
FLAT TIRE	FOREST	FRIENDS
GROUP	HILLBILLY	INVASION
JESSIE	MOUNTAIN	MURDER
PSYCHOLOGICAL	ROB SCHMIDT	SCOTT
SCREAM	SLASHER	TEENAGERS
TORTURE	WEST VIRGINIA	WRONG TURN

Hostel

```
I C Q O I S K H M A S H I V E M I Z C A E X
W Y B B L I A V M O U D J Q T M R M R X L Z
D U S M L I M S S C G R K W T H V I U W I T
W O P L T W H O U N S A D I S T I C I G R L
J G T U B O V L I I D N Q K J C X Y P T O U
D H D T M W R M S A C P Z L O Y F C K N T J
U E O M O T A T L C X I P K S T M L B J H W
I F A E T E U A U T K U D M H E R G O U E R
C P P T R L S X E R F R I E N D T A F T E G
K Z Z C H K J D M V E E S S K A F J V X I R
P H S N M P V V I R N C P U P N Z B H E J M
Y A M B S U H Y U S R N H W R F E A R O L O
Q J X D O O R T O N M S A A O V B P P P H I
K S L T C Z R D P L Z E H T M P I I C W Z E
I L C C O O M V E O P D M O A B L V F Z S B
Q O L S T N V B K R P U M B S L E Y O L X O
C V B K T C R U M R A C G A E T Y R B R Z D
I A K C Y J L S H A I T H X I R E A O G I R
K K S E D E I M A Y N I D U J R M L A R Q L
T I U S S D L L K H J O M A A E Q E X G E L
D A J S A D E F V V E N E I F U J D N Q H Z
F T K S V U R P Z A X P S Y C H O P A T H A
```

DEATH	DISMEMBERMENT	ELI ROTH
FEAR	FRIEND	HOSTEL
JOSH	MURDER	NATALYA
OLI	PAIN	PAXTON
PSYCHOPATH	SADISM	SADISTIC
SALAD	SCREAMING	SEDUCTION
SLOVAKIA	SUICIDE	SURVIVOR
TORTURE	TORTURE CHAMBER	TRAVEL

Martyrs

```
X A O A T O R T U R E C H A M B E R C V A Q
Y P L C L H B L E A K N E S S M I B T S A E
T M K D H N Y H A X I S G D U K U U V U W E
D Z N I X I F F K M I S Z P D M M I E Y G N
T L G E I L L C Z T O R T U R E D G X D K E
S F B I Y M U D Y N A S T D S Y N X Z G Y V
B A T P X C A C A U A W N F X E X A O V S T
Y A D M A Q A D I B I F O B V T Q R P P U S
V B F I I S Z P E E U V U E Z M A U I I R C
Z R B A S Y C Q T M M S R A Y E Y H G P V Z
Z U R K T T T A D I O A E K F K S J N L I Y
F T U I H P I V L M V I R B F D N G Z U V Z
C A Q L W A S C W L E I S I N N T E Z C O N
A L A L Q I Q S W H A S T E E O X V Q R R U
K I Z I R N R U D H O U I Y L H K I V B U W
Q T S N V Q O F A O A R G G V L Y C R L Y P
X Y L G G M E F O R F E B I B E E T U X H A
H D B S B W U E Y R F K W M E T S I V P Z N
N J D P J X I R Z O X Q O A W R I M P D V N
L S J R K Y G I D R A B E P O D F N T L E A
D V B E E D K N W E L X A P G U I L T Y F Z
T P T E R I H G X P R O T A G O N I S T K S
```

ANNA	BLEAKNESS	BRUTALITY
CAPTIVITY	CHILD ABUSE	FEAR
FRIENDSHIP	GUILT	HORROR
KILLING SPREE	LUCIE	MADEMOISELLE
MARIE	MURDER	PAIN
PASCAL LAUGIER	PROTAGONIST	REVENGE
SADISTIC	SUFFERING	SURVIVOR
TORTURE	TORTURE CHAMBER	VICTIM

The Haunting

```
E P C O K G J O L U K E S A N D E R S O N Z
P A R A N O R M A L C W H C D G K E V I L E
G V C H I L D T E J E Y M A R N H B L R Y U
T U M A N S I O N L Y L R A N X X O F C K K
R W X R J A A G D H A A D U S J Z G S I R E
M P D N A J N P H R A H U P F E A R M T Q Z
O A D Q X I U O U F A Y D Z K I F E I O H E
L T U S T P R T O M M L L X K I C G U H B Q
E L V N F S A W E L C R E H E K Z R E K O H
C K U N I N P I K O D E Y W S L T E F F Q Q
L A A T R F S I E K U H Y O F C Z E L I H Z
H C N E I A V H R S Z X O T H O J N V G I E
T E P T S P T E O I H W L U H M E H J U M X
O U J K L R Z D T P T O Q J S Y A O Z I H P
S H M R V N N W A S L H U Y N E Z U C L H E
T A U L U E L X Q Z P H T S M G D S J T U R
Y U R H N L G T D S C D O H E U Z E B Y O I
U N D I J L W G Q V D D Z R Q K X H O U G M
S T E U H W D A V I D M A R R O W B T K V E
R E R F B J A N D E B O N T W O W C R B L N
I D I Q G T O T K Y D D K N W G R T M U O T
V Y S F I V S B N B M D E S T A T E F F B D
```

CHILD	DAVID MARROW	ESTATE
EVIL	EXPERIMENT	FEAR
GHOST	GREENHOUSE	GUILTY
HAUNTED	HAUNTING	HORROR
HOUSE	JAN DE BONT	LUKE SANDERSON
MANSION	MR DUDLEY	MURDER
NELL	OLD HOUSE	PARANORMAL
SPIRIT	SUPERNATURAL	THEO

The Mist

```
J H M G J W G M V W A Q P K N T N N W T J M
P L F C Q D D D O N D V L S Z O B B M C W B
R S A I Q P Q D I K K S W Y H N V R W Q F H
E U C B L Z O L L I E W E E K S I E J K R N
L R V I F I E N T R A P M E N T B K L U A G
I V O E P F C A J G I A N T I N S E C T N K
G I A K I X Q I P T Z A F E A R N W T P K X
I V M U S X O Z D O C Q E T C K W M P J D N
O A A M P V H L P E C P S U S P E N S E A G
U L N R I H G F V E Y A O E R O R L Y S R F
S H D S D D K L K B I B L E C E W E F B A D
F O A C E A D V S S C L I Y H S W W L V B T
A R D A R V B D R Y K E N T P M Z J W T O G
N R U R W I S T H L M Z A A T S P J O L N W
A O N M E D H E F O G F V I T T E K V J T O
T R F O B D E B S K M O N S T E R A B M V B
I Y R D X R F W L T R T A Y M Z E M Q J W P
C U E Y G A W O S J D E S P E R A T I O N C
M L Y N J Y U I W B H A C R E A T U R E G U
J V O Q M T M W Q H O E X P E R I M E N T U
Q F J A T O Y B R E N T N O R T O N U H S P
J I X E X N B H H G E X N V N P X B T D X J
```

AMANDA DUNFREY   APOCALYPSE   BIBLE
BRENT NORTON   CREATURE   DAVID DRAYTON
DESPERATION   ENTRAPMENT   EXPERIMENT
FATHER   FEAR   FILICIDE
FOG   FRANK DARABONT   GIANT INSECT
MIST   MONSTER   MRS CARMODY
NOVEL   OLLIE WEEKS   RELIGIOUS FANATIC
SPIDERWEB   SURVIVAL HORROR   SUSPENSE

The Devil's Backbone

```
I E Q E K C Q E N I U P S R K I D P M D U P
B H L I B W K V C N Q C O N C H I T A I U V
Z W W O F C N L A Z R Y B A C K B O N E S F
N P N N O J Q H R Q P M D R C A R L O S G E
L L H K P K B V M F S L U G N O Q B G U R M
I N Q P T K S H E R T Q Z L T H O W B E C T
A S F I A K L N N D C W R N J Y K C H H M Y
W V D Q C G R R F A U A I A R C W C J L O J
H U S U T F W W H M Z C R W P E A D N U V N
H M R L V I S I O N A Y R E D E V I L D I I
C T I G H O S T R J O A S B T G L E I Q E C
R A C M T F I K D T B D O T K A K Z N B B N
B K S W O B C N Q D M G O R W V K X T G K P
R S F A C Y M E L Y S R T N P Q R E P A E Z
M Y Q Z R Y I O D H S B A C R H B C R P L K
C G C I P E G B R R O G N F V K A P O M C I
O U P C P X S O O H B H P T Y D W N Y S Q A
S F T K N D R T H O R R O R L Q Q Q A A H U
M C C G J R U Z O O S N J A I M E G M G R V
D L J T E T P U T P D Z Q Q I H K A P M E D
D V I T S W H I S P E R I N G D R K Y S H K
U N V C Y E A P N L B T M V Z D Z R F W Q S
```

BACKBONE	CARETAKER	CARMEN
CASARES	CONCHITA	DEVIL
DRAMA	DRCARLOS	GHOST
GOLD BAR	HORROR	JACINTO
JAIME	MOVIE	ORPHANAGE
REVENGE	SLUG	TEACHER
TERROR	TOY	TRUCK
TUTOR	VISION	WHISPERING

Bone Tomahawk

```
P S D H F E D K Q P T R O G L O D Y T E S W
X X H K I D N A P P I N G J T J J W V V G U
H I N E H Z Q G Z X K E E G S A O C Q D S E
O T X C R Z T U B J I C J L R R L I D M U Y
R X M A Y I A X K E N Z O I L T F G I Q S N
R B V N C R F V B E P N U Q S H O E U S P W
O V B N K G K F L M R I R W E U M X S R E K
R P R I Y C Z O H E U X N W Q R F E E J N H
S P U B J P I A T U Z P E B T P N D G N S D
W B T A A V F S J S N J Y M Z R O C A C E E
R J A L T D E A I V L T H E E O S R C H P S
W B L I J W H V E M O S N D R Y J A K I Y O
F Q I S M T R H C H K O L B O B S I Q C I L
I P T M N U L I U W B I G B J S F G T O C A
Y E Y A P D R V E T W T W B R F C Z R R X T
E B M M G W L D Z J O O D E W K U A Q Y F I
H A F R O N T I E R C M E X W M D H M U N O
S J Z H S F C N O N M N A T W R A L F F N N
E R W O H E G Q N Z O J L H L W D E D B U D
O S N Z S Q Z D L I H U A V A R B R K H O G
P O Y M L N S V P E C G N I W W U J A E O F
O B G B L Q M Z Z K F F Z V O O K Q P W K G
```

ARTHUR	BONE	BROODER
BRUTALITY	CANNIBALISM	CHICORY
COWBOYS	CRAIG ZAHLER	CULT
DESOLATION	FRONTIER	HORROR
JOURNEY	KIDNAPPING	PIONEERS
PURVIS	SAMANTHA	SHERIFF HUNT
SUSPENSE	TOMAHAWK	TROGLODYTES
VIOLENCE	WESTERN	WILDERNESS

The Host

```
H E W E N V I R O N M E N T A L F N R F N O
L R E S C U E N E Z Z H K H O S T A G E N Y
C O H M P M V R H N V G E S E O U L R J X S
O L P A S D U S N C I M V M T N L U S V F N
M C J W N T A W P J D T A U K E E T W F T A
E H L U A R W N R M N O J T T F R A T U M C
D F K E O A I C G E X G S A E E M R X T V K
Y N R I F F B V M E S K B T W K Z V O I S B
Q C L T C C R N E U R H U I R V B T I R U A
Q Y O Y H L R M R R N C X O N S E P T X S R
K Y Z B I E W I E J X M F N R W V V D C P G
O W H H V D V H G Q U A R A N T I N E U E S
L V P O A A T F U O R I V E R S I D E J N V
O U G I I A W E S O U T H K O R E A F Y S I
S Q N W F A M I L Y P M O N S T E R E D E Y
B X T R I I K M M Y P K W Y L O Q D G S Q P
C Y E F Z K Z Z A R P C M Z H X N E L N D T
A B T D E A T H O H Q E Y S L A F L T L Q J
F N W O Y N D R R B R M C S X Y S V A Z H M
A Y M A F Y R B F W B J C L X O P A R K V B
H C E P F O T T I X R C W H D D Q M K G J Z
P G B E H Z J H Y P W T P O L I T I C A L L
```

COMEDY	CREATURE	DANGER
DEATH	ENVIRONMENTAL	FAMILY
FATHER	GOVERNMENT	HAN RIVER
HORROR	HOSTAGE	MONSTER
MUTATION	PARK	POLITICAL
QUARANTINE	RESCUE	RIVERSIDE
SEOUL	SNACK-BAR	SOUTH KOREA
SUSPENSE	TERROR	VIRUS

House on Haunted Hill

```
T F E A R Y T B J H S U P E R N A T U R A L
Q F C B G A D E A T H O N W J A Y J E X X G
L O R L H H G G N U P Y X P O T O J E F I R
X I A M A F E H Q E V A Q T I T S N C J M T
C N D N U M T O A A G O B N I E I L C E C J
O V Q H N X B S W N A U A S L N L L E F Z H
U I V U T I P T F T L S L C Z S Z S N W O S
M T F N E C V S J R N A W H C I O F T M J P
U A C U D Z Q E E I C P S E P O H D R Y H J
R T O S J P T L R I E U S M Y N H J I V Z E
D I I N B A L B G S O K E E D Y O C C D J F
E O K C U I J O V I A S O Z G S R C K F T E
R N M O R Y L W R X N R Y M Z N R G B K X Q
G I I H M O M E Q E P Y Y W B R O S R O W Y
C C T E H A T H P D K E H Z O Z R A L E P J
F H T C L S N S I O O V P E D T D I Y F D R
H Z Y E Y J U S O K X V N K Y Y D L F U B S
J S W M R S N P I G D F P W T W I S T E D L
P S T L Z R S U Z O H O U S E Q J P Z K C U
X M G E N R O J P I N P T M Q J Z I K H E C
O A I U E Q P R H J H W I X M I N C R W L A
E Z R T Z L J T I Q T H D R M M W F B E U L
```

ANNIVERSARY	BODY	DARK
DEATH	ECCENTRIC	FEAR
GHOSTS	HAUNTED	HORROR
HOUSE	INSANITY	INVITATION
MANSION	MURDER	MYSTERIOUS
PSYCHOLOGICAL	SCHEME	SPOOKY
SUPERNATURAL	SUSPENSE	TENSION
TERROR	THRILLER	TWISTED

Sleepy Hollow

```
V H O R S E M A N X L T B E U J E V N D S P
I Q D A M S G E S O W B P H A N T O M V U O
C E X A K Q B P T Y F J R G O T H I C H P K
T C N J B T B C U O W T M V X I I I U W E K
O L H L E V V J T M O E Z H K K R J K A R U
R S F R A Y X S E F P J W R R I S F M E N Z
I B N Y I X U J R K A K K R U M Z O O P A J
A S O C X S I P R A T N I D A R K R N J T W
N L U Z O N T T O U M A T N L U F N E U U E
H T E S Z Q H I R R O N F A I E A E U V R N
H W A G P S I L N C S Y K G S G S W O T A C
M S I S E E U I R A P G Z M O Y B Y C Z L H
Y A Z T M N N Y I V H H E F L K K O E R O A
S A A I C F D S Z B E O E K J D F R G H X N
T Y W U D H T O E Y R S T J I T F K F U Q T
E Y H Y B P C R R G E T C D X W S G F D H I
R K R O R X T R O E K S S N A D V D Y A B N
Y S S A R C C H A P T I M B U R T O N W R G
A W E O U R E G W F Q E N G O C C U L T M U
N F L H Q W O M G U T I T P C M X H S K S E
E G B C G H U R P M R O H Y C X P S A W Y U
G M X Z C E M E T E R Y P C X P R N G K K L
```

ATMOSPHERE	CEMETERY	CHRISTINA
DARK	ENCHANTING	FANTASY
FEAR	FOG	GHOSTS
GOTHIC	HORROR	HORSEMAN
LEGEND	MYSTERY	NEW YORK
OCCULT	PHANTOM	PUMPKIN
SUPERNATURAL	SUSPENSE	TERROR
TIM BURTON	VICTORIAN	WITCHCRAFT

Ring

```
T P C E T E S F V D M I Y A Y Y U R L Z P K
N C V C N E X A S Y J E H Q J E S A D A N N
O S D L V D A R D R O Y Q T V Y C G M J B I
C V K I H M A W M A M A M X G I L P Y B D C
W I G M E E Q O V T K B L O G L E L H G V U
E B A A D J O R X Y L O L O A S A B X T I R
L Q Z X A W V I I I E O L C E R T J S T N S
L B Y A R R D H U P N O E N U X G F F A V E
B I I S C V P A A H H N A T U Z W Z V R E D
T U Q T D E E T C C O P A W C H A M U T S T
O V N X S D O E Y H A N V H O R R O R I T A
S Q Y R H E T S P J R H M H N A K A T A I P
A P U X D A P D U E C N Y Y A Z R M F U G E
S C M I F T B S P T K Q O S S U I V L Q A Q
Z F V E Y H Q U K D T M G I Q T N P L A T W
U T L A D D S U N J Y M U G N F E T A E I P
D R S R U I R R H G X A B I Q M S R I H O I
H N X Q W L A B Y Y D D H K E X A P Y N N Z
G F E A R P T A Y S L T K S P E F S I A G W
S L W L F D E N M T A X G E G J R D K R H P
H V E N G E F U L W Q C R W Y O G I T D I I
G Y I V X Z C R E E P Y J G X K S L E F A T
```

CLIMAX	CREEPY	CURSE
CURSED TAPE	DEATH	EERIE
FEAR	HAUNTING	HORROR
INVESTIGATION	JAPANESE	MEDIA
MYSTERY	NAKATA	PHONE CALL
PSYCHOLOGICAL	SADAKO	SPIRIT
SUPERNATURAL	TECHNOLOGY	URBAN
VENGEFUL	VIDEOTAPE	WELL

The Devil's Rejects

```
T F Y O S F O G J L X X H Y E R P W Z C Y M
H I A C B C N U K S F P V G J Q C I Z N Q B
J F V I O L E N C E O E N T Z G A K O L K L
Z U U N R E X S Y L M E C G F B P I H P S S
J R O A D T R I P I V S Y A L M T S Q B O O
K Q R I N D B E R E Z I A A G A A D T A K T
B G O Y P X P C R J Z Z T D T M I E H C J I
S C B X K M U Q M Y O U G I I D N C V R G S
P P Z X C U X T L K R G O C I S K O E I U D
S S O C Y T F I R B O L R J Q Q T E C M Z R
H Y M H D B M B M V P Z M U R K M I X I U I
E C B L F A Q A L X G C P U E L M Y C N T F
R H I F F I U D E O L W R M Z S B O G A D T
I O E J E I R X I H O R R O R K O Y Z L T W
F P D E Q A U E H S E F K I V D K M Z S W O
F A X F T F R N F G T M J D K U A S E L A O
W T O U T L A W A L Z U E F N I H R G K O D
Y H O S O C R N B P Y T R K K H C Z K V I Y
D I L M F L R Y I V S C W B M T K B Z W D X
E C H Z W A F G W I B L L V I M P L Q L U S
L U Z U C A T J W G X H P A E N Y K B C X L
L I C C Z U A T E U T F G H N S G N S W R M
```

BRUTAL	CAPTAIN	CARNAGE
CHAOS	CRIME	CRIMINALS
DARK	DISTURBING	EXPLOITATION
FAMILY	FEAR	FIREFLY CLAN
GRUESOME	HORROR	OTIS DRIFTWOOD
OUTLAW	PSYCHOPATHIC	REVENGE
ROAD TRIP	ROB ZOMBIE	SADISTIC
SHERIFF WYDELL	TWISTED	VIOLENCE

Lake Mungo

```
U F Z P A P A A F T E R L I F E E P I L Z D
T Q I E X G F A M I L Y J Y A V A U Q Q A I
S N M T F V X Y T E R R O R Q O S B K A H F
R E R E U N S E T T L I N G J T B A C J K S
Y W C R T M P E R Z R K L E S I O D Q G Y H
C N O R B L T A W R Z C K O L C U U N B P L
P G L U E K Q T R L Q Y H U H J Q I H R O A
W L M R A T V Y O A O G S J R A N C W H I I
G C Y V Z O S D W I N S E F Y R U R X L W O
Q L S K U C B D Y O M O S O U W N N A A K N
S F T U R B N H I P O W R O S K C R T E X S
I D E D F G S T G D N F M M D M T M W I W Z
X I R F K W P U R R S T Q J A S E X E O N P
L S Y L A E P K I Q T W D M U L N D D U X G
C T U T C L U U E X E T T A V K B A I P O T
I U N E F J I X F K R D L R D D H E D U X E
D R D I M O J C U B F C B Q S S Y B D Z M D
G B C D H Y I E E C C U Y X L G N S O D S Z
S I A I N V E S T I G A T I O N E O W D W J
H N Y A H C Y E U B X H U N C A N N Y X Y E
X G K O P S Y C H O L O G I C A L E R P L W
H M X O X B P S Z M G M R D Z O A B V P M U
```

AFTERLIFE	ALICE	AUSTRALIA
BODY	DECEPTION	DISTURBING
FAMILY	GHOSTS	GRIEF
HAUNTING	INVESTIGATION	LOSS
MEDIUM	MONSTER	MOURNING
MYSTERY	PARANORMAL	PETER
PSYCHOLOGICAL	SECRETS	SHADOWS
TERROR	UNCANNY	UNSETTLING

Train to Busan

```
X I E T R A I N L Z M N S P E E D O U Z Q F
X E E C H A O S T E O Z Z M K X G D Z B O C
N X L U F M S B K I B L G Y G X R L C O Y C
M Q E G Z A T A T I Z O M B I E R G W V I V
I P Q Y R D N C C R W E D W U M X K B Z S S
K W X N J J E P O R I M V E U X O M P Y C F
P O Y A O F K S S W I N R P A E L B N M K E
A H X R N J I S U O M F F T S T C F K O Z M
S U B I H A R K U S C C I E Y J H U O B D O
S S T R U G G L E P P B B C C X S T Y F E T
E P J S U R V I V A L E F O E T C T D T N I
N X K O Q L Y A N C Z R N T D R E K M E D O
G I K E Y H F O O Y K M L S H Y U D C N Y N
E L X X U P I C L Q F P U T E R U Z U S A A
R W N B J T P A N D E M I C S F I M P I G L
S T U Y C C K Y L Y B J M W D S T L E O I Y
M U M A O S D B A I R F K L Q E A I L N U W
E Z W X C H P C A P B O Y M H I Z K C E W E
E T O O J Z E E K U R P R H O R R O R H R P
H G Z T M D B H T Q U A R A N T I N E P J A
K S O U T H K O R E A W P I G S P H V N Q T
Z E H U M A N I T Y U X J D S R T U Z K V L
```

ACTION	BODY	CHAOS
DEATH	DECAY	EMOTIONAL
HORROR	HUMANITY	INFECTED
INFECTION	PANDEMIC	PASSENGERS
QUARANTINE	SACRIFICE	SEOK WOO
SOUTH KOREA	SPEED	STRUGGLE
SURVIVAL	SUSPENSE	TENSION
THRILLER	TRAIN	ZOMBIE

REC

```
U W A S W C P Q A Q G M E G C R A A J S T G
N L X V Z M C F A K I N T E N S I T Y T M Y
E H H H A O B F F A C C U S X W Q I J B X X
X B S J O J L J O B P H A F V U W K D F R R
P N D P F R W Y A K O A E M A J Y R V L P H
L K I F Y Q R V B V B V R V E D V E G H X M
A D C G U J U O E A I B V T O R N P Q H V F
I A A B H D H G R D R E B B M I A W A R A J
N O Z R B T A R A U H C R Q T E L M Q N J H
E K T V K T V E E E E P E N I Y N O A X I U
D P Q N O N D I L C S M A L B A H T S N T C
S U S O B N E Y S A B R I E O R F Q O B D C
A O F L U U U S C I A V S K W N O T Z Z V I
F U H R L Q W P S U O M O V I E A E I Q Q S
C O X R O L B S Q Z J N L Q O N I D W A K P
J C O U T B R E A K K C A S E V Y Y R P X E
Z I D P E J R B H P H H T I F M J E W N N B
T R E P O R T E R Q Z A I B V C P B E E X Y
T F K B T K P J A A C O O G L J B P V R M Z
P E M E R G E N C Y R S N P S R B U U L I V
F Y V C N S L T U D K L T H R I L L E R W E
M H X B I N F E C T I O N X L R X L V Q T W
```

APARTMENT	BARCELONA	BODY
CAMERAMAN	CHAOS	DARKNESS
EERIE	EMERGENCY	FOOTAGE
HORROR	INFECTION	INTENSITY
ISOLATION	JAVIER	MOVIE
NIGHT VISION	OUTBREAK	PANIC
QUARANTINE	REC	REPORTER
THRILLER	UNDEAD	UNEXPLAINED

Creepshow

```
N S J S I D O H J M T O C I O H V K W H S G
L A D H X T B E T V X W O W Z M H M H Q P G
U Y N X O S L W M B V Q M W A O O O P T K M
Q K C I M S P O O K Y G I E N N D G R S R I
G J Q Q M A U A S S F O C R T S S S A R N V
E C Z J E A C D C M Z R B F H T U U C R O A
O M H H I F T A A R G E O R O E P I T J R R
R R A V X V D E B R M Y O S L R E N I D L L
G J O L T I N G D R K S K A O S R Z C V B E
E X F N V P I Z S L E H Y U G H N O A N E S
R V Z O E U T B Z T K V U G Y F A M L M S L
O W P E U M L X T U M S G M G J T B E H T I
M S R C J S Z E K W T U A N O D U I F D E E
E C Z D D W N H G A O S C L G R R E F G P N
R N J Z S G O S H I M P B R E V A X E E H I
O K U V I V O Z O T S E G W E A L I C T E E
I K T V L F I D U I A N X T W E Y D T T N L
O V X A N M C H L F V S I R V V P L S Y K S
E A X F L H I G I U I E W O T I X Y R R I E
E R B H A E F S S N V Y Z R L W O A K N N
N A X O N J S O H E I L D D P G C E Y D G Y
N T D X C X K V U G M Q D G N C F H K S X Q
```

ANIMATED	ANTHOLOGY	COMIC BOOK
CREEP	CREEPY	DARK HUMOR
FEAR	GEORGE ROMERO	GHOULISH
GORE	HORROR	JOLTING
LESLIE NIELSEN	MACABRE	MONSTERS
PRACTICAL EFFECTS	SPOOKY	STEPHEN KING
SUPERNATURAL	SUSPENSE	TALES
TOM SAVINI	VIGNETTES	ZOMBIE

The Dead Zone

```
S W I E T Z L X A V J G Y M G W W B O H A P
U S T E P H E N K I N G U W D H O O W S L R
P C C Z P R E M O N I T I O N J T S S Y V P
E X M O Z S D T G C K T N C K Y R Q G U Y V
R B I B N M G Q D E Q E F U Q V A N D R S V
N J M S C S M P L C L R X T M L G J A R P A
A K T H O H E B S C J R R P E Y E M V E O S
T A H O O L T Q P Y H O B A M U D U I D R K
U C R P H R A X U A C R M Q O Y Y E D E H W
R L I F O W R T J E R H I V R D U N Y M L F
A A L A H L R O I A N A I S Y B N S Y P M D
L I L T C T I E R O T C N C T O N B I T Y D
B R E E J C V T D N N E E O I O G O R I S Y
R V R E M Y I S I G F E P S R G P H J O T W
A O I B S A H D G C Z N N R T M A H V N E N
R Y I C A J R W E F A E B G O P A Y E F R W
D A U T U T O T D N T L P J K P A L Y R Y D
Y N H B N S D H I F T Z O L U I H Z C P Q C
K C F C T W B B N N Y T A U H I T E D X I B
S E G J Z D F B V N P Z J V I D X D C S U J
L B K B U E K H H P Y L E P G Q U Q F Y Y V
Q U Z K M F S Z V N A O H B O H V O S Z U E
```

ACCIDENT	CHRISTOPHER	CLAIRVOYANCE
CONSEQUENCES	DAVID	FATE
HORROR	ISOLATION	JOHNNY
MARTIN	MEMORY	MYSTERY
PARANORMAL	POLITICAL	PREMONITION
PROPHECY	PSYCHIC	REDEMPTION
STEPHEN KING	SUPERNATURAL	TENSION
TERROR	THRILLER	TRAGEDY

The Visit

```
R J S B B A B I N Q F A C N E K B Q N U S Y
W D P D J K R N G F D N I R S A E B D L W Y
I A J E R D S M F D N I S W T D F R C B G G
L R I C H V N P M M Z Q O V M S E E U K V F
J K Q E E D P E X F M T L C I Q A G Y C D B
P C U P L E S L B H C H A M P S R W C D U E
R O R T W A I H R Y E N T P D U I C T P N V
Q M E I K T U O R G D U I Z S P Z T R N S W
L E V O M H Y E A Q N D O O B Y Y Y E P E D
B D E N G Q T T T Z Z I N Q O A C O Z Z T E
Z Y L K W S O V H H R H G Z D Q Y H Y P T F
B D A S Y O S J A E R W X H Y J J L O G L R
R H T M F D J S B M Y I K J T P I B K R I I
J P I Z T W B V O P O G L O P M P Y K A N G
K B O Y C E Q U E C R I A L A D Y B O N G H
C W N P Z O N E C A R Y L F E P U X M D I T
R K K U E Y R S Y K R W A T X R A E O P M E
Z J K Q Y C S H I C K Z J T E Q V V M A H N
D K S V T W I S T O K Y I N D M R Q V Q W I
J G R A N D M A W D N V D Z Q I Z D I X L N
B S U S P E N S E O S U R P R I S E H L T G
W W X M S D A U M S Q D J R K L J G L W X R
```

BODY	CREEPY	DARK COMEDY
DEATH	DECEPTION	FAMILY
FEAR	FOOTAGE	FRIGHTENING
GRANDMA	GRANDPA	ISOLATION
MOM	MYSTERY	NIGHT
PSYCHO	REVELATION	SURPRISE
SUSPENSE	TENSION	THRILLER
TWIST	UNSETTLING	VISIT

The Skeleton Key

```
Y T E G B C R I D V L W J U S O D N K U Y H
Z I G H O N Z F E Q R F O M O R G B B Q B V
M R J M T H O O C A W O O D R I M W N M T N
Q I O G L N H O E C F U O M A G U S J Q Y E
K T H H A A Y P P P D O P N S O O K N M N W
J U N B L R X K T M V L O U I S I A N A O O
X A H L X G U K I Y N A J K D M J A Z N Z R
C L U D B Q I L O T N C N R H K H Z Y C R L
V G R A L U H X N H U X B K O W E H V S M E
H U T R Y U R R T R H W C H R T X T N O Y A
C W A K A M B V C I Z Y B I R E T E Y U S N
I X K S B F W W M L H X C G O U S X U T T S
A H E E C S S K X L A G E L R N L Y R H E G
I T Y C K I W I V E F W K I E D Q J J E R E
N G G R H O D C I R N O L P Y F X Z U R Y V
S S K E L E T O N O M X S T T L Z J C N Q M
O I V T Z N S Y I N E U T P C M F W R G X Q
F E L S C T Y S A L S U N L O C K A A O Y U
T S U P E R N A T U R A L E G F E X Q T K F
L Q K H X A J B A Y O U H Z O F O D T H Q N
E Y K Z M G P M A L E V O L E N T T L I Z Q
Y H O O D O O M K A T E H U D S O N U C O L
```

BAYOU	DARK SECRETS	DECEPTION
FEAR	GULLAH	HOODOO
HORROR	IAIN SOFTLEY	JOHN HURT
KATE HUDSON	KEY	LOUISIANA
MALEVOLENT	MANSION	MYSTERY
NEW ORLEANS	RITUAL	SKELETON
SOUTHERN GOTHIC	SUPERNATURAL	SUSPENSE
THRILLER	UNLOCK	VOODOO

Candyman

```
A V O Q W S N B E V Z O H S Z L Q D X I C S
X I T S Z D V I O L E N C E N L A Z T T B G
C R Z D A R K F A N T A S Y E Q V I N N Z C
J G S U P E R N A T U R A L F U F O R P I S
K I Q S H O R R O R S X H I E F C R H E L Y
G N M X S C E G S C R E A M A F S V F S I Y
U I B N I A D A C O S T A R L Z E Q A V Y P
R A L J T B Y Q Z D L E G A C Y O A U R S F
B M O B S R I M A Z Y N U E W C B K R C T Y
A A O M I I Q R Y L I U F U I D G D C V O L
N D D Q O N Q A C N C M I M D U B X L A N Y
L S Y Z Z I L Q V A A W Z O S M J G I P Y H
E E H M B G G S N S N M R Z G F T B V B T E
G N B C U R N L K W I D E S L A S H E R O K
E B V S W E U J G V V Z Y B N R L E B Y D C
N R L G N E D T V M C B Z M I X L O A P D N
D O Q N O N O G A Q I H E N A G S W R A I X
D O V L P M N L B L H R I E M N A Y K R B Z
H A U N T I N G G W I R R X S O C N E I I C
D N R Z F V I N J X B T A O F A J V R J P R
E W I T V B M B C A M O Y F R Q W L J O P Y
S K Y I S F B D C Y M Y T H O L O G Y N X Q
```

BEES	BLOODY	BRUTALITY
CABRINI	CABRINI GREEN	CANDYMAN
CLIVE BARKER	DARK FANTASY	FEAR
GRAFFITI	HAUNTING	HORROR
LEGACY	MIRROR	MYTHOLOGY
NIA DACOSTA	SAY MY NAME	SCREAM
SLASHER	SUPERNATURAL	TONY TODD
URBAN LEGEND	VIOLENCE	VIRGINIA MADSEN

Hush

```
I Y Q L E P U I M C L Z I J A S Z L G Q V R
A X C O I S O L A T I O N U L I X O I N U F
U I R T K F E A R P T Z E V R H S T J I L J
X H D F I K E W V A P D E A D L Y V O O N G
W B T I M I U U N U H O M E A L O N E K E F
B X B E D R U R Y I B Q D K Z B A O J A R C
T D Y D Y J N W L V V S T H W N Y Y B T A B
T G A S A M E S C A P E T E R M T G L E B B
X M A D H Q F H Y U Y Q J E N I V G O E I M
B F R F L Z E A B Z U Y K N L S Z J O Y L E
W H J J K D W T S G P L Q A G X I N D A I S
W B B Q D N G M T T A O T F C O D O E S T H
D B A Q N W I M X T A U S Y W V F C N H Y U
V O X D H V B F S U R I T U U F N J F P P I
R T E C O F U U E B N O P I S E D P B J P I
A A D H R X W H X J L S T M L P P Q R U V N
Z K O N R C B J H D B U E I J D E V L L D V
V G M X O E O B Z E K V S E A U K N R X Q A
L W I V R K D L M A W B M Q N O F C S V D S
A C K M M K Y H M F T H R I L L E R A E C I
O V E R H C M U X Q C F B X P L K D A T V O
B E E F S U R V I V A L K U X E K K L Q A N
```

BLOOD	BODY	BRUTALITY
CAT	DEADLY	DEAF
ESCAPE	FEAR	HOME ALONE
HORROR	INVASION	ISOLATION
KATE	KNIFE	MADDIE
MIKE	SILENCE	STALKER
SURVIVAL	SUSPENSE	TENSION
THRILLER	UNSEEN	VULNERABILITY

Insidious

```
X A H S V W X B N S A T M O S P H E R E G E
F Y Z W U T U S A G X H H U F A M I L Y V O
J R M B Y P E O B A R O H R L H N G N U Q I
H S O W A A E R Z Q U R J U M P S C A R E K
F I G S C I D R R L V R S S S A E Q D V O V
A N Q Q E N N H N I M O R U G Z A I V P X G
T I V K P B A S A A F R D W S K N F B E X U
H S M O I K Y L I U T Y C Z F P T X R K T I
E T U K G D F R Z D N U I R C A E T Y K G I
F E K U R A X Q N V I T R N M S C N W M T Y
U R M A M Q P W I E W O I A G P U V S O M U
R F E U R Q M V P I J X U N L K Z C R E Q L
T F P A R A N O R M A L Z S G J F Z Z W Z G
H S T H R I L L E R Y M O V I E X I J M A A
E L T L F V Q I C D J C S H V Y N N Y J Z R
R L H G A S C T T E I M P O S S E S S I O N
A C R X O O D G S M I F J Q J G H O S T S E
V F F X I M B E H O T H E R W O R L D L Y M
G V G J R O V G Z N B H P R O J E C T I O N
T R R H Z Z N G K A J A M E S W A N L I V M
E K T C D F G M A L E V O L E N T Z X K O V
A X Z J N N I G H T M A R I S H H W Y A U T
```

ATMOSPHERE	DEMON	FAMILY
FEAR	GHOSTS	HAUNTING
HORROR	INSIDIOUS	JAMES WAN
JUMP SCARE	MALEVOLENT	MOVIE
NIGHTMARISH	OTHERWORLDLY	PARANORMAL
POSSESSION	PROJECTION	ROSE BYRNE
SINISTER	SUPERNATURAL	SUSPENSE
TERRIFYING	THE FURTHER	THRILLER

The Invisible Man

```
O B G U U T E Z O T B Y X I C H F S I I K A
E M Y P A R A N O I D Y K V Q F G E N S A S
P C L O I N V I S I B I L I T Y J T F P Y C
X M J V R Q A G U G G A S L I G H T I N G X
Y Y Q L I U Y U N S E E N L X R I P L I R E
V S I B G N E M E T M R X C L V D A T Q E L
R T N F H P J O A J S X A G F X S N R L V I
N E V R A C Z U Y N M U F U V D P U A E E S
M R I C U B L T S O I A E O D D X U T I A A
L Y S G N Z S A P T H P D I Z G I P I G L B
U E I J T B O T U B I V U N A K S B O H S E
J C B E I F H C Z S H C Q L E R S B N W T T
R E L O N O I D R K T W E C A S G K S H A H
H H E J G I P F N L P R Z I Y T S Q R A L M
U A M E J I P G Q F A V O C N D I O R N K O
R S A X W L O K X E H O G P G V R O T N I S
Z H N P O S Q Z F J T W A O H R I M N E N S
A Z P A V X N S D W L Z H A O O L S E L G R
W H M T H R I L L E R P R H D W B F I L O A
R U S U S P E N S E G O Y K I A M I C B S R
D I H T E N S I O N Q D R L W J S S C A L Y
Y G F Q C E C I L I A K A S S R R W H A N E
```

CECILIA KASS	CLAUSTROPHOBIC	ELISABETH MOSS
ESCAPE	FEAR	GASLIGHTING
HAUNTING	HORROR	INFILTRATION
INJUSTICE	INVISIBILITY	INVISIBLE
INVISIBLE MAN	LEIGH WHANNELL	MADNESS
MANIPULATION	MYSTERY	PARANOID
REVEAL	STALKING	SUSPENSE
TENSION	THRILLER	UNSEEN

Doctor Sleep

```
Y D N X M S T E P H E N K I N G S M Q T X U
K W R J E S H I N I N G C N H J O U X S D U
K M K V R D S L V O V E R L O O K H O T E L
W P N A Y Z U H M O O G D R Q U G A H V M M
Z H E E Q T P S E B Z U J R E D R U M Y I D
P F L R H T E E A X I I U A M W H P V S K O
Q G L Z K X R Q E J U P M Z T X C B B N E D
T E W J Y E N U P S V U L P W I T A D G F X
C C P M K O A E G H A J T O H E H X M L L Q
P U M R L B T L M R B J J C S E E C B N A T
N B L H U L U H T G A R Y G T D S Y M J N Q
D A N T O R R A N C E S Q H E K H P A M A Q
S H E I Z O A B R L P C J O A P I Z B I G R
L R M L U W L O L L F I U S M I N O R U A W
J F Z S G I R I D Z X A P T S O I C A G N F
A Q X Z S R R U Q Q O L J S J U N A S L N Q
A F B Y O H W H A U N T I N G F G E T X T Z
I D V H T J G D O C T O R S L E E P O T R J
I S H O D A R K F A N T A S Y L X U N M M C
G R U E S O M E K N H W H D G Z U J E K C P
O Q H I G P S Y C H I C V A M P I R E S T F
M S V S W S D R E B E C C A F E R G U S O N
```

ABRA STONE	CULT	DAN TORRANCE
DARK FANTASY	DOCTOR SLEEP	FEAR
GHOSTS	GRUESOME	HAUNTING
HORROR	MIKE FLANAGAN	OVERLOOK HOTEL
PSYCHIC	PSYCHIC VAMPIRES	REBECCA FERGUSON
REDRUM	SEQUEL	SHINING
STEAM	STEPHEN KING	SUPERNATURAL
THE SHINING	THRILLER	TRAUMA

Raw

```
A S V S U N S E T T L I N G X D G S V U J O
X O R G I Q U T M B O D Y H O R R O R S T C
X B Q T S L G A V F R A W F J P N X L N Z Z
C K L L O I L B U V E T E R I N A R Y S J I
L T S O J Q Z O I I A N I M A L I S T I C M
I B B C O N F O V D K S N B H A A W B E Z M
C T E R H D I V X G G N G E P T C J G E T S
G G X I I O X W T C J Y R L B E T Y Q J R I
U E E S M V O P N S F R E S H M A N Q Y A S
A H Z L E J U L I A D U C O U R N A U I N T
U J T K Z F A X V C A R N I V O R O U S S E
S U C A N N I B A L I S M B U D Z B U O F R
N S N W F Q G R S K A C O R G E C Q M N O H
M T A M L A K D Q G R B Z U U S R U E D R O
V I C I P P M B B Z W X A T R C A R P E M O
V N H G J P O P U F U S O A D E V G S B A D
Z E O H J E C F E A R C M L E N I G O N T U
E S R G I T J Q B P H C X I A T N N T Y I L
G N R B J I H Y B R D M Q T T Q G R C Y O K
I M O X N T H E R J Z R B Y H Q Z Y E K N W
A F R T P E E D I S T U R B I N G Y M F G S
G K O P C V O X I G X I D E N T I T Y G A L
```

ANIMALISTIC	APPETITE	BLOOD
BODY HORROR	BRUTALITY	CANNIBALISM
CARNIVOROUS	CRAVING	DEATH
DESCENT	DISTURBING	FEAR
FRESHMAN	HORROR	IDENTITY
JULIA DUCOURNAU	JUSTINE	RAW
SCHOOL	SISTERHOOD	TABOO
TRANSFORMATION	UNSETTLING	VETERINARY

The Blackcoat's Daughter

```
B A Z U O S G O O D P E R K I N S F Y I X Y
E L I L X H R O A T M O S P H E R I C I F Z
D Q V D T R F A P H G Y T K E V C R N E P O
H Y C M E U B V M A D N E S S K E I C Z S L
A G A W Y S S N S O T B Z O T Y P T R W Y Q
U Y D C U S O F W X A C L W G N O U Y E C B
N U N S E T T L I N G Q X A R J V A P S H O
T B W R C D R E A R J Y H E C R N L T Q O A
I I P J I T F D R T M Q T Y V K Y Y I Y L R
N W W A F L D Q D Y I N A X Z U C V C R O D
G U T P A N O K W E I O I M J N F O H Q G I
W Q R S M T R H S W A S N D J T K E A O I N
V Y V G C A F T X N Y T O T S Q O Q A T C G
G J J Z D Y L I X V X L H L N Y J A P R A S
D I S T U R B I N G Q S A T A N I C X N L C
H L X G P O S S E S S I O N L T H T G N I H
L X H P Z S F M Q H R N K D X O I X D Q W O
K L U X Y O J Q D H Z M A J M P V O B G P O
A F K K S U S P E N S E U E I W Y P N W F L
V E W Z W X R I P G S U P E R N A T U R A L
K B N B X L T I Y I Q C R H O R R O R Y T T
L U C Y B O Y N T O N B S P G C N R R Z T J
```

ATMOSPHERIC	BLACKCOAT	BOARDING SCHOOL
CRYPTIC	DARK	DEATH
DESOLATION	DISTURBING	FEAR
HAUNTING	HORROR	ISOLATION
LUCY BOYNTON	MADNESS	MYSTERY
OSGOOD PERKINS	POSSESSION	PSYCHOLOGICAL
RITUAL	SATANIC	SUPERNATURAL
SUSPENSE	UNSETTLING	WINTER

Green Room

```
F R J D L W A M F L G C K S J Q V W B B Y J
Q M Z J K L L N W S P R X T W Q Y U M M D E
L J W Q A M G R I W V I O L E N C E B T E D
D E F R K N R Z J C W Y I U P Z J H L G S G
G R J F I D A P K J X D W V H O R U L C P U
R E O O I N L U Z B U I R J O B K I O L E Y
E M H W O L I T L D X Z M U R D E R S U R U
E Y A E K G F D H W E L I F R K I L Z B A F
N S N Z Q O D P H R A C I L O U Y T V U T Q
R A K U O R X H U V I W Q E R T P E Y H I F
O U W R V Y T X I N B L S B I R X N G T O Q
O L E X H A L V G U K N L L Q D V S G U N H
M N H S E X R H Q H E R A E K Z S I J M Q R
U I O D C U R Q C T L T O N R O I O Y J S L
W E O Z S A C D N Z U T U C A K E N N D T D
J R T O M N P I U R H P T A K G N O Q M O
T C H Y N Q E E B G N C U X O Q E O I P F J
K B E N V V M L I Z K M J K Y V L A H B R I
J K A E A B M F C C J T O U B B N R L A K D
G C K N U S N T Q H Z R K V L W F O E C I S
G Q X R D M U M Z A P O A Z I R F F Y Z N G
H V M M T E N G L B T C M N P E X Y Z J A W
```

BAND	BLOOD	BRUTALITY
CLUB	DEATH	DESPERATION
ESCAPE	FEAR	FIGHT
GORY	GREEN ROOM	HORROR
INTENSE	JEREMY SAULNIER	MOVIE
MURDER	NEO-NAZIS	PUNK
PUNK ROCK	SIEGE	SURVIVAL
TENSION	THRILLER	VIOLENCE

The Devil's Advocate

```
L K E C M N O G Z A O Y J C G V I X R E K Y
O K E A N U R E E V E S J T F K U Z T N L Y
B I H G I W C L X G X I L C S E H Q C C A N
T V X S X E X S O Z T I W O U V E T I S W H
T D G L X J K Q V P U W F R E I L E U Z Y Y
H T E V Y K C U Z G R Q G R F N L M M I E I
R A U V M Y S T E R Y D C U E L D P O R R R
I Y J A I A E Z D O Y Y U P A O P T R E S J
L L X S L L Z P E W W S A T R M Q A A V X Z
L O C X Z R G Z C U P Y G I N A Z T L E Y U
E R Y D Z J J Y E H W C E O Q X J I I L X Z
R H T Q S R S P P H K N L N M H H O T A N S
M A Y O I O C T T G B I I M C U S N Y T B E
N C E J T S A W I V V S S J A A F R F I S D
G K S Z I U L O O M M V M U T W C O O O S U
U F D K K F D L N P J O H N M I L T O N Y C
G O Y M L A L P A C I N O C R E I D D Y X T
Y R X A F V V I F T P A C T J C N L L N R I
K D G O S E Z B I X T S W V A N I T Y T R O
T E L H C U H L F S L C O N S P I R A C Y N
L A M B I T I O N G I X R Y X T S W H W G K
S U P E R N A T U R A L B Z X X S N T U C C
```

AL PACINO	AMBITION	CONSPIRACY
CORRUPTION	DECEPTION	DEVIL
FEAR	GUILT	HELL
JOHN MILTON	KEANU REEVES	KEVIN LOMAX
LAWYER	LEGAL	MORALITY
MYSTERY	PACT	REVELATION
SEDUCTION	SUPERNATURAL	TAYLOR HACKFORD
TEMPTATION	THRILLER	VANITY

As Above, So Below

```
C U S T M Y I Y W K I T Z A Q V O S Q S G P
Q A G B J K G E F V S A L C H E M Y U R A D
P C T H B U U Y T P A R I S R S K V B U V E
S V Z A V X G P T I I I T U R F E M A S N E
S G R O C P E R I L C N E H R F Y L X X P P
R H I V F O K Z K X E O E E C E P W S Q B R
E Z M V B T M W I C Y H L H G S X W U N A E
S K O K G G M B S A P L O A B O D Y P W R G
P C N Y E G P E S O I B T E O M Y S E O K L
S K S H Z F D O R R F O J L H L W K R K D C
Y M T H T U N T H F O N Z U P P G R N G A J
C P E G S E S T J F O S U J D E O Z A G N Y
H Q R L B A P A E I N D C X E H F X T X T Z
O I U V T U U W S E G F L A M V J P U F E E
L N Q A R S J N M U X G P C R A F F R E B K
O F C I F A E Z Y W Z K L B L L D H A A D L
G E C X S T B P S W X U I N D C E N L R D C
I R O X G S D J T S U R R E A L L T E B C K
C N U V O N V Y E B R A H B X F M S T S A D
A O V Y V Y N B R O R J Y K A K G M V R S B
L H P O I U R L Y I Y Q X D E N L J C D U D
P Q B X L U Q Y E X P L O R A T I O N K D C
```

ALCHEMY	BEN	BODY
CATACOMBS	CATASTROPHE	DANTE
DESCENT	EXPLORATION	FEAR
FOOTAGE	HORROR	INFERNO
MADNESS	MONSTER	MYSTERY
PARIS	PERIL	PSYCHOLOGICAL
SCARLETT	SUPERNATURAL	SURREAL
TENSION	THRILLER	URBAN

The Devil All the Time

```
Q X R O G W R O B E R T P A T T I N S O N S
A K F T N O S O U T H E R N G O T H I C O S
K X L H E L T X T G B Z W I C L Z W B P A S
A F S R T B K H P I O S R Z L O U R M L T Z
A I E I W B M P I D R T M E K O W A A R F I
P O R L I P Z H X C M T S A Y U C I O Q C X
P W I L S C U L A N J S O T L O N Y Q V N N
A A A E T T I K G R U I T M I L R G D P O G
L T L R E M Z B A R R I Q N H E T N D I O A
A M K L D Y D E N E R A O C T O O O T Q H Q
C O I V T M F I T G M T V S I L P W N M R
H S L T O N V S C E N H Y R G E U L O N A V
I P L N E R I C C A W M V I F R U I A S W J
A H E H A N B T A R D J L E R G T A J N F M
N E R Y I T L G R S S E F O Z A P M K B D A
C R S S M G R L H A R Q C Y L K A K M G K U
O I W S D O W H X E G O C E X B R R W C R Y
A C C R S C A D U Z Y E V K P A D I Y P J O
H L R Z G G V E Z S E E D A D O S G N E J F
G A P V I O L E N T R Z M Y S Y M H S E F H
H F S K Q F K M I D E S P E R A T I O N M W
H E Q I N T E R C O N N E C T E D V Z Z J W
```

ANTONIO CAMPOS
ATMOSPHERIC
DESPERATION
GRITTY
RELIGION
SERIAL KILLERS
SOUTHERN GOTHIC
TRAGEDY

APPALACHIAN
CORRUPTION
FEAR
INTERCONNECTED
REVELATION
SINISTER
THRILLER
TWISTED

ARVIN RUSSELL
DARK
GOTHIC
MYSTERY
ROBERT PATTINSON
SMALL TOWN
TOM HOLLAND
VIOLENT

Horror Puzzle 1

```
D B P E B J N D T N X P P V X B T C A U E G
P V I W I T C H C E W V R D D R J T U T E H
R N D X O X C D H J J B H E E D B G N M R C
H H P G P H O J L A F M T D F W D Q L U I E
A B J N B X F G K U H N I O R F Y X A V E K
L U K D R Y F R O N U P X S M I G G D X F Z
L V L Y M C I A H A S C R Z A Y H O J H F N
O Q W F Y E N V H G F D Q N F E O L R C X I
W T T A U M C E O R U W K O U Z S V O E W G
E E M F H E R Y M W C D Z V H N T J W A B H
E R U A Q T E A U N O M Y F I O S U S V D T
N R R I S E E R A O E Q G T D X R N F N X M
X O D U I R P D L O G Y R C I A I R H K K A
C R E H P Y Y B V B D E A T H A R K O I X R
U O R P U M P K I N A I T P H A Y K S R S E
T M R Q O Z U B T Y I I U C H T E I N U B K
X N Q H G J M P Y I F H I P V A S O X E A N
P G J O K T X F C Q P E L L S W N F F D S H
G Y A V Y V N A H L Q D A Y B Z V T Z T F S
W S M P X B Z O M B I E S R L A F Q O E Z L
K H M N M S K E L E T O N G F T F E A M B T
M M Z R M Q G O T E J V O U I D V U X B B G
```

BLOOD	CEMETERY	CHAINSAW
COFFIN	CREEPY	DARKNESS
DEATH	EERIE	FEAR
GHOSTS	GORE	GRAVEYARD
HALLOWEEN	HAUNTED	HORROR
MURDER	NIGHTMARE	PHANTOM
PUMPKIN	SKELETON	SPIDER
TERROR	WITCH	ZOMBIES

Horror Puzzle 2

```
F X A M J S Y M U I Q K A F R M X O I I B O
W V N R H I H P C Y N T O M B S T O N E Y U
Y P S Y C H O I Q N S L N W W E G R B K D
L V B N I G H T F A L L A O S E M J H L C Y
O I J S E Q G J T K L V S N E T R K M H F C
W C G A D A J M X J U D W B I M M E W R D T
Z V X S Y G H O U L D V J A X T F T W T I W
Q Z W I C V B V Q G M O R T J V Y F T O F Y
E E E X K R K F O P T T R K O C J B K P L C
D I D M S F E V P D W O M E N W C R Y P T F
O O X M C N L A Z E N E P O S S E S S I O N
H K C G A M E H M C A N M W D U I V G I C J
G W H U R T Y F W A C E J L I C E H U Z N X
W C A P Y A M B E Y D R C U O Y Q E D M M J
S X I L W Q X B S I C D O L M J R S R H L V
G E N V U P Z R L N M T D M K B L X G I E N
E N S I A Z N A A G O A U T A Q S M V R O A
S T R D Q M P B S D E M S C L F W E U A I N
G B E Z R C P G H B K P A K F X F T I S M M
E S M B N A Y I E K Z M W Q H S R F N B T W
N G I T L Q Y R R M U R D E R O U S B S X S
T Q A E S L G B U E Q D X C T D N C S O I L
```

BAT	CHAINS	CRYPT
DECAYING	DEMON	EVIL
GHOUL	GRIM	INSANITY
MACABRE	MASK	MUMMY
MURDEROUS	NIGHTFALL	OMEN
POSSESSION	PSYCHO	SCARY
SCREAM	SLASHER	TOMBSTONE
TORTURE	VAMPIRE	WEREWOLF

Horror Puzzle 3

```
N K Z U W P S A B A N D O N E D Q G R K Q I
U I J D H L G H W R D N J Y A A D D S C I D
Q W E P D J C V E F E A M O Q N E I L G P J
W I I O S V S D N A A S O C S Y C S P Y R Y
G C B L C T I P P J T P N H W T R M Z J Q M
T K B T S X N L G Q H Y S I H J E E L H S C
S E S E R S I A W F L V T L E O P M X P U F
Q D I R U W S G H M Y U R L L O I B K F P Y
K U C G X J T U N B A L O I L H T E G O E Q
S B K E I F E E M I X F U N I W I R W Z R X
C U H I J W R Q S I G Q S G S R M M S N N W
M U C S U N D E A D O H W W H Y S E Y I A E
J R R T T N P Z L B Y N T S N O C N P G T R
S O P S Z J T D H J H L R S S L E T O H U E
T X D P E X C S N I E J D G H N W N N T R W
Z Q G L W D I W U J V F C B N A E G S M A O
L Q R A P K S Z M A Z Z C I T F D B Q A L L
G F F E A V P H O B I A A H G O P E H R M F
M G F E D A J D F N I E Z M Q J M G E E C R
T X R S Q Y E R I K O C O R P S E B D W W K
R F Q D A O C V H D G R U E S O M E L Q F P
O C J L M T E P A R A N O R M A L V E I C R
```

ABANDONED	CHILLING	CORPSE
CURSED	DEATHLY	DECREPIT
DISMEMBERMENT	FREAKISH	GRUESOME
HELLISH	MONSTROUS	NIGHTMARE
NIGHTSHADE	PARANORMAL	PHOBIA
PLAGUE	POLTERGEIST	SHRIEK
SINISTER	SUPERNATURAL	TOMB
UNDEAD	WEREWOLF	WICKED

Horror Puzzle 4

```
W A B K J S S S A V N O I H N Z C Z S D N R
D Y S T O P I A A K E A T E L D R I T C H B
V B N D I K V F A M T N O Z W Q B R O W K Y
Z F A G U N V Z U F C W M K K A S E Q K I A
V B X N S A A Y M I O R Q F H H A V B W S B
E C N B S I D C T Y V A N X L E C T X A F O
L O L W Q H J W M M E I Z Y X C R T M I I M
U E Y L E Z Y Y D N T R A S W I K A L A I
R A C C D Y K E O K I H R L T G F O C I Q N
Y J Q T K E Y A B Y S M A L W T I K A N D A
S O R O O Y L B M E F X G W U C C O B G Z T
W J O E T P F B R A P I O P G A E A R A P I
V P V A V O L I N T L D Y E L C I A E R O O
S L W P X E F A W P A E N P X K J X R Z S N
B U Y Z Y L N S S H C M V P J L U N F V S C
Y R A Z L R S A S M O G O O I E B Y S C E Y
Y K U E X V O I N N G O H R L Y T V Z A S N
L I H J A V P X O T F R M J B E A J D S S F
C N O L Z L R O I Y G Y C D Q I N H T K E E
S G Z H N X M B Q G B H A M R B D T K E D Y
H Z J X G G P E T O R M E N T E D X H T Z M
T W P Y X M K J J W S W L G K D V J Z A O N
```

ABOMINATION	ABYSMAL	AXE
BANSHEE	CACKLE	CASKET
COVEN	DYSTOPIA	ECTOPLASM
ELDRITCH	GORY	HELLFIRE
LURKING	MACABRE	MALEVOLENT
MORBID	POSSESSED	REVENANT
SACRIFICE	SHADOW	SPOOKY
TORMENTED	WAILING	WRAITH

Horror Puzzle 5

```
M A T H U Q Y U M P Q O Z B Q V L G I X K C
J E Q N A C F B B D R E K V H M A K Y W E O
P D E V I L R Y S A A M P V H H M D S H G T
R P V B I R J G R A V E S T O N E G E G H A
W E I I K I J L Y I E E C F V N N C A C J W
L S S N E W I K R L N X A H E E T O O U A M
U T C F Z A O N D X O C D V L K A B S Z P Y
D I E E O W B O I V U O A R W A T V U R C F
P L R S M X W N Z R S R V E Q N I T F Q P C
E E A T C S A H L D G P E B I N O L F N V Z
G N T A H K B Z E A S O R Y E T N Q E E D P
D C E T N W B H R Y U R H A R R Q O R C X N
D E P I P P C Y L I N E P L S N B H I R A N
W Y H O N T Y E G G D A U P U B K V N O G Q
Y S M N E D N C Y Y E L P U T R I D G M R S
M W D R G R M Q J D A R K E N E D O K A I F
H K W K A C G D T N D W A A Q N H O K N S O
K H C H W I G V E P P E R D I T I O N C L K
H E C P Q C O V N I G H T M A R I S H Y Y Z
B Y Y P E G L J M D R D I S T U R B I N G N
J K U A E R P A N D E M O N I U M B K B T O
U H R I D I Z H Y A B E R R A T I O N P Y W
```

ABERRATION	CADAVER	CHARNEL
CORPOREAL	DARKENED	DECAY
DEVILRY	DISTURBING	EVISCERATE
GRAVESTONE	GRISLY	INFESTATION
LAMENTATION	NECROMANCY	NIGHTMARISH
PANDEMONIUM	PERDITION	PESTILENCE
PUTRID	RAVEN	RAVENOUS
SUFFERING	UNDEAD	WRETCHED

Horror Puzzle 6

```
L W P U P J Y B S Q J E O S D W M D S Z N U
A L E D X X L H R P K O L B N H A E P D O X
K Y S V O H E P A E E B G A F E B D D B Z Y
W C T D B O N N E G R C I K K K Y S O W M Z
U A I M E P M R Q K K D T Q F D W R R E C D
V N L B M V B W Z O I J D E E R E N B Z F I
J T E P G A A U D S L I L A R T O R M C I C
A H N K C V G Y B M Z G Y I H I X O M A F H
R R T A O I T O I D W U Z G T V M T Z R K F
G O M Q J L Z C A X Z S U I Y R A T G N Y D
A P A N K E N W M J Y A R J D N L I B A F Y
B E Y J W I I S Z R L A X L O A E N L G M F
A Y I Z Y V I N A S P Q R R J J V G A E L R
A Q S Z D C U U I P I O D V C Q O S S T H I
Q R G H R X T N A Q W L H E I E L S P G A G
D U G O A R V B E R U T G G O M E H H S R H
V P X Z O M K E E A I I S W H X N U E S R T
K E L M H L B H C T R F T E M F C D M D O E
J S D N L S T L E E O T G Y T E E D Y W W N
S V Z S S E R V E G S N H Q S S N E Q E I I
V F V F N X W G X S E D P L V H D R D X N N
A J D I A B O L I C A L P C Y R A R U F G G
```

APPARITION	BLASPHEMY	CARNAGE
CAULDRON	DIABOLICAL	DOOM
EXORCISM	FRIGHTENING	HARROWING
INIQUITY	LYCANTHROPE	MACABRE
MALEVOLENCE	MORTUARY	NETHERWORLD
OBSIDIAN	PESTILENT	ROTTING
SHAMBLES	SHUDDER	SLAUGHTER
SPECTER	UNEARTHLY	VILE

Horror Puzzle 7

```
B X V T K D D D E A T H K N E L L X C X A S T
Y Y H E W O X Z I C X B S O E W T P S J W F
V C Q R V I R V Z H D U I C N K H G J C J S
C L G R Y W J G R E O S E P U L C H E R K A
U Y R O L E T Q W I K H J V E X L P Q C L M
J F O R C Z P O R R G L Y V N C R Y P T I C
W D T I B I L A I N C A N T A T I O N S V R
R Q E Z L L F E K W Q K J T V B H G U H D N
A M S E A E D B V O J G S Q O Z G O N S T O
I A Q H N C N L S I N I S T E R M R Z T L O
T L U A Q C D O I B A D J T A O O K A X P V
H E E B T G B O E L M N G O N L M P P H U E
L F O H G F M D U E N T E R X H D Q S N N
I I T O H W U C N G R N V O E O O A U W D G
K C A R Q U N U R C W I F C M E R O U W E E
E E B R A E C R J E I R E D X F R F V Y R A
C N T E J B A D Z K A Q I Z D B O V D F W N
O T F N F S N L R F P K K T E D R S O U O C
M E W T F G N I Y G L H I N H E B I Y H R E
K Z A H Z K Y N C G L G E N Z I U P W W L J
B C R C X T A G R W F T D M G S N C X Q D H
Q B I F P E S T I L E N T I A L H G I O U K
```

ABHORRENT	BLOODCURDLING	CREAKING
CRYPTIC	DEATH KNELL	EERIE
FORLORN	GROTESQUE	HALLOWED
HORROR	INCANTATION	MALEFICENT
NEFARIOUS	PESTILENTIAL	SEPULCHER
SINISTER	TENEBROUS	TERRORIZE
UNCANNY	UNDERWORLD	VENGEANCE
VENOMOUS	WRAITHLIKE	WRITHING

Horror Puzzle 8

```
O K H M M S G H A S T L Y D I H J T V Y M N
G J F P S N T D X K Y H L L W V B S Q S S N
V X E L L E E V Z Q O H W X G E T O O V H G
R K R O J Y M A L E F I C Y N B Q D A I T N
M J O L Z O D W S I W Q D A O W I N T N R Y
R S C P Y W S X J Y E M B A V P R V A T C D
R W I V H L N V X G H N C U G L Y L X E H G
D P O P I T P E R N I C I O U S I B A B I F
T S U L G S J J T Q O O N J V B H A G S L E
B T S L R W C I F P G C C H I M M I I X L N
Q Y K U O P J E N J B D U S Q J O A C Q I O
D G H J I M T I R X P O B B I U Q X E H N P
L I W W E T E P W A W D U B A A A F F X G W
P A W F C J L N M K L D S L A P M G U Y E I
U N T H H R O F S X L A L W I Q H S M I L W
M E A D E P R A V E D Z B U R Z X D M I S Q
O L E N S H R O U D R T R O R Q S U J W R P
K P E X V T G Q H O O Q R B Y I L X N U T E
F X K I A N W Y G R Y R N G P O D N F G Z F
L H N D G I C I S J O M A B Y S S A L O H H
D D R H B M R R A H A N X E X M M A X C N C
L Y K N N O C T U R N A L G S V C A I J Q J
```

ABYSSAL	BANE	CHILLING
DEPRAVED	ENSHROUD	FEROCIOUS
GHASTLY	HAGS	HORROR
INCUBUS	JINX	LURID
MALEFIC	NOCTURNAL	OMENS
PERNICIOUS	QUAGMIRE	RIGOR
ROT	SIBILANT	STYGIAN
UGLY	VISCERAL	YOWL

```
J T A R N I G H T S H A D E B T T N U X H Z
V X Y T U M U L T U O U S W T L F W Y C U J
A Z S L B P O R U G H O U L I S H U F L K J
B P R C A C U S R M V K U K S E Y C L T X R
R O Z A Y M J R W P Y Q F S O Y C E D R Q T
L B T D L H E D E E C T E W Y I N R C Z D C
U Y Z A U E U N V V P M G R N K P V Y B I M
L R U V B I C P T U E P A O S G F E H L D D
V K M E F D V L R P W N D C K D V X O M E H
Z E E R E H T D I O F R A V E C S B K E M U
G H Y O F T I G N P A S H N W R A H L P T X
N Y U U J D X D K S S R O E T I A K N F O M
L W O S Q X L L E I S E S M D I D T E Y P K
D L D E J W J F S O O D D M B G C S I X V U
V R I P O H E O B W U F L X K E G H J O I P
D C O Y R H R H F A V S E R D X R D S M N O
O Y U T G C R O L F N A R F D G I J A E N F
Q R S K E E K A A D I S A B S L N K F M F F
F Z J N B B T V Y B Q Q H D M W P A G V K R
W R M K E Z X I N T E R M E N T T W N I Z I
Y J W N J U G G E R N A U T E X T N G M G D
I G E M Q V A P L U T O N I A N K K M G A C
```

BANSHEE	CADAVEROUS	DIABOLIC
ECLIPSED	FLAY	GHOULISH
HIDEOUS	INTERMENT	JUGGERNAUT
KNELL	LAMENT	MACERATION
NECROSIS	NIGHTSHADE	ODIOUS
PLUTONIAN	REVENANT	SARDONIC
SOMBER	TUMULTUOUS	UPROAR
VEX	WOE	YOWL

Horror Puzzle 10

```
K Y C Z A W G D X K M W F E T I D J K S Q N
K X A R W S M J K L A M E N T A T I O N H Z
F U A C D C R W D M K C V H T V U G K F Y Q
M Y L V N V M X N E V E H E M E N T K Z G A
X M S X L B I L N L S T X A M U O Y V J Z H
T I E P J I N X E D T O M C R T A X C H X Y
E Q C Z O G J O R E Q G L F O B U S R Z I I
N C T W U S E V M C J F Q A V X I R C V U X
E F B P O Y F S F K O J N K T O A N O N M O
B K L B J Q I G Y O S X Z T P E A H G H V X
R H I G M K L Z M L C C Z E A L O T U E N E
I W G U L U L A T E X G Q X I H J G Q K R N
F V H Z B S X Y G R S O C J N L S O V I A O
I C T W A I L Q R M E W A O C D A S B E J P
C Y R M R Z Y C I J P X K C U R R S U C B H
A D O W Z M S W M W H O O I B I D U L A W O
U U U W Q E G J A P E Y V I U G O A C R S B
W S E I L U J Q C E M W Z V S O N R K R Y I
T H I D D Y B G E R E U B P P R I Y K I S C
Y Q U A G M I R E I R R U J B W C Q K O K O
J G W M I F U O Z S A H Q A O J P R O N H O
H P L G A K H R L H L B A C C U R S E D W R
```

ACCURSED	BLIGHT	CARRION
DESOLATE	EPHEMERAL	FETID
GRIMACE	HARBINGER	INCUBUS
JINXED	KISMET	LAMENTATION
OSSUARY	PERISH	QUAGMIRE
RIGOR	SARDONIC	TENEBRIFIC
ULULATE	VEHEMENT	WAIL
XENOPHOBIC	YOWL	ZEALOT

Horror Puzzle 11

```
N H O S M G I N K V K Z P M H R R S L F Q S
S K B N Z P B Z F U N T S G V R B R V P B X
S K E L E T O N U W G D O N V P F C I J Y L
T G A V X I B S P E E V I L J S Q C E H C L
B C F C Y H M C S R S V E K I I Z R P G S S
Q T T R H Q S Y Z E T H E G O W I M N Z S R
I H H T G A P A X W T U R K Q P O B F E H D
D E M O N K I E Y O Q R I O M T K L N X R R
L B E O A X D N O L W Y E A N D C K P T L A
O A G I E C E X S F R I V A E D R R H W D X
Z W T O Q K R W B A D Y H T W A P F E G T B
N W F J W X I R C Q W P N R D Y P L S E O U
N L Z X U S L S H R U U V C L C L I V O P A
P Y P S G N B C F D A F H W P K J U M Y J Y
T X O M C G C A O H P U M P K I N P A U D X
C P H G X R S T T F Y Q M M U R D E R O X R
S U A H H I E Q K B F L M U G C B W O U I H
L G C X J O M A K F B I J X M U C L A M R Z
X W I T C H U Y M S C U N I T M B T J C P V
Z N R H N F E L S X Y H A E N I Y Z L J T M
C T B Q M I A C G F U B M C E M E T E R Y Q
X I L E S M B G R A V E Y A R D Y F S T Y L
```

BAT	BLOOD	CEMETERY
CHAINSAW	COFFIN	CREEPY
DARKNESS	DEMON	EERIE
EVIL	GHOUL	GRAVEYARD
HAUNTED	MUMMY	MURDER
PHANTOM	PUMPKIN	SCARY
SCREAM	SKELETON	SPIDER
VAMPIRE	WEREWOLF	WITCH

Horror Movies 1

```
R A S M U T H E G R U D G E X G U Y I Q H C
X J B K P Q C U M O T N O E O Q E P H P D Q
O Z G E T V P K I N N O V W J L I T C D P P
K Y J T T W E E E E A L V F C I T H O B H O
M O C Y M U X C M L D B H V E S M E S U B L
Y M A X G R S O M T R Z J X O Z B R G J T T
X W Q D Q E E T C D H F T H O H S E M N H E
T P W W D H Z W W A U E E H A B O D N C E R
P Y S E T H E R I N G H C V C N N I X O V G
W E H A X F A S X F T Y B O Q A E T H C I E
C T V O W T W L J Z S Y O W N F R A X U S I
C W D I R B P F L P T E A M B J H R C I I S
A C I N L A U T S O Z H D N L V U Y I K T T
N F N J O D Q X H K W B E P N K D R V E T A
D M S D H V F D O C E X S P A P M I F V Q
Y O I B N W P A Z M R T E Z H P B B T N J G
M K D B H M J T D N S D M N V I D E N C G K
A X I C H I L D S P L A Y N O V N V L P H U
N Q O D X A U B U W X S C R E A M I X L X N
W G U T H E S I X T H S E N S E T R N S E Y
Y R S F U L T H E E X O R C I S T M A G P X
X Q U U U H K T U H T H E R I T U A L G V E
```

ANNABELLE	CANDYMAN	CARRIE
CHILDS PLAY	EVIL DEAD	GET OUT
HALLOWEEN	HEREDITARY	INSIDIOUS
POLTERGEIST	PSYCHO	SAW
SCREAM	THE CONJURING	THE DESCENT
THE EXORCIST	THE GRUDGE	THE HOST
THE OMEN	THE RING	THE RITUAL
THE SHINING	THE SIXTH SENSE	THE VISIT

Horror Movies 2

```
C M J C T B T E T G R E E N R O O M P P E F
G U T G U G R A V E E N C O U N T E R S Q I
I C T H E I N V I T A T I O N L O P V D H N
U I P V E R F L C Y Y D S S J K R Z V C Q A
R T N D J O Z T H E O T H E R S P E E C N L
H H L S J X T C T G R G N N W U H U E T E D
W E W J R H T H W U N Q X W E T A V S G B E
R S S I N I S T E R L V T P A C N I A E B S
G T F Q Q J T Z Y R G D I E E S M N R D E T
F R U X X A H E I J S K R R W E A B L O K I
K A V M T J E U L V J B E O H H P E Z F X N
X N W A P P N B F T T L L T P E I B W J G A
W G J X D L U T I N G L Z R E F S A D O U T
U E O P G K N S O N O P O R R P K S G A S I
T R H T O N I D A F U E C E I Y L K B O I O
H S M L H V T I T C H F V O M X Q O H X G N
E O H G E E R I P T A O F C X N M E J F G T
W H S H O T P H U M L P O U Y M H M F P N Q
I V T T F I P U A C D E V L S T P Z V O D T
T K O C E G Z M R P Z S X U Z M H N Z P Y W
C D Z S S L C H D G O K W S A D Q M H F Q S
H Z T V N L H W O Y E R U H Z L X I V G B B
```

CLOVERFIELD	CREEP	DON'T BREATHE
FINAL DESTINATION	GRAVE ENCOUNTERS	GREEN ROOM
HOSTEL	IT FOLLOWS	MAMA
OCULUS	ORPHAN	REC
SINISTER	THE HOST	THE INVITATION
THE MIST	THE NUN	THE ORPHANAGE
THE OTHERS	THE PURGE	THE STRANGERS
THE VISIT	THE WITCH	TRIANGLE

Halloween Puzzle 1

```
C V K O P U Y I F O T B T O M B S T O N E J
Y V J B I B D C N M X N B Z V V O E Y Y H X
C A P L H Z I G O A X B S G C A Z M D M B S
A M W A R A M Y R B R P O M Z U G G M C Z A
O P B E C Q L W J J W F U O W I C R N O B E
G I Z I R A D L I C L E M N I H Y A O S K W
B R C Y V E J B O L K J B S E S N V R T J S
L E K T S H W I Q W D Y T T T L J E J U A C
A U L N R J H O V Y E G Q E K Y W Y T M W A
C C P N O I I L L J N E R R M W D A S E E R
K N A G X U C K H F D C N M C V J R T I S E
C G S N T T D K F E A A C F N U A D T D P C
A L E K D Q Z F T P J N A G H O U L H C I R
T B U T E Y C N P B U D U G G Q Q Z O F D O
X W X W U L U P L A Z Y L X E K R D Y V E W
Z G U V T A E T E R F C D G E B B H T M R G
C Q K T H W T T R M H O R P T D M W I T C H
U H V R R C I N O E L R O I G X W T U N U E
B A T N V H J R Y N A N N B K Q C N X X I Y
R Z W Y B H L S M G Q T E W B L B W A U A L
V X V M G H O S T Z P U M P K I N R R G W D
L B S K K T A N A S J B R O O M S T I C K U
```

BAT	BLACK CAT	BROOMSTICK
CANDY	CANDY CORN	CAULDRON
COBWEB	COSTUME	GHOST
GHOUL	GRAVEYARD	HALLOWEEN
HAUNTED	MONSTER	PUMPKIN
SCARECROW	SKELETON	SPIDER
TOMBSTONE	TREAT	TRICK
VAMPIRE	WEREWOLF	WITCH

Halloween Puzzle 2

```
X K L I L L Q U I R K C Y Y C S T I B W R E
V X P W G C U V S W R Y L F T G Z H D Q U X
O Q E H M F A Q W T Q I Q U S P O O K Y L I
P K N A S W R N R E I V Q L J J J C S C S E
M J I C X N V I D Z R X S L R M A U J A T K
G A K H O W L T G Y X E H M T F I S Z C J Y
W L V R V W Q I T H A P W O K X Z P V K N R
B Q Y K Z X A T P L T P A O X F M O F L W E
Z Q S C T V Q K H M C Q P N L M A C O E R Z
M H P G R S Q Y T K U B N L C F S U G C D T
A L S A V I T V I Q C M C L E M K S Z D H K
Z K A P H A N T O M N P M K E A P S U E C X
O L C Z W F K I N U G M T Y R G O R O D B D
F B R E J I M A P G P W Z R E I A C Y E P S
V E E G C L J D O M I K I O I C H S B C S P
P M E N D X F T T D A R K C M C Q A K E A I
J X P U O N Y D I X D C B S K B K F L R A R
Q B Y S K U L L O P A R I E A E I S B L V I
J N L Q U D U Q N X A T K Q W R D E T U O T
C H T Z U Y V C E M E T E R Y M R U M E C W
N N K X A Z U M C U Q C L H Q E K X M V R F
H Q S W D W X Z R X X C O F F I N U O T Z H
```

CACKLE	CANDY APPLE	CEMETERY
COFFIN	CREEPY	DARK
FOG	FRIGHT	FULL MOON
HALLOW	HOCUS POCUS	HOWL
MAGIC	MASK	MUMMY
PHANTOM	POTION	SKULL
SPIRIT	SPOOKY	TRICKSTER
WEREWOLF	WICKED	ZOMBIE

```
S C C M C H A I N S A W
O E O U R H V M P C E I
O M F R E A A N H A E T
E E F D E U M I A R E C
I T I E P N P S N Y R H
S E N R Y T I T T S I A
N R D I T E R R O R E N
G Y S P I D E R M B M B
T O R T U R E G H O U L
P U M P K I N M E H M O
I N D Y H O R R O R M O
O U S K E L E T O N Y D
```

Cross out words from the list and the remaining letters will create a hidden message.

BLOOD	GHOUL	SCARY
CEMETERY	HAUNTED	SKELETON
CHAINS	HORROR	SPIDER
CHAINSAW	MUMMY	TERROR
COFFIN	MURDER	TORTURE
CREEPY	PHANTOM	VAMPIRE
DEMON	PUMPKIN	WITCH
EERIE		

The hidden message is:

....

....

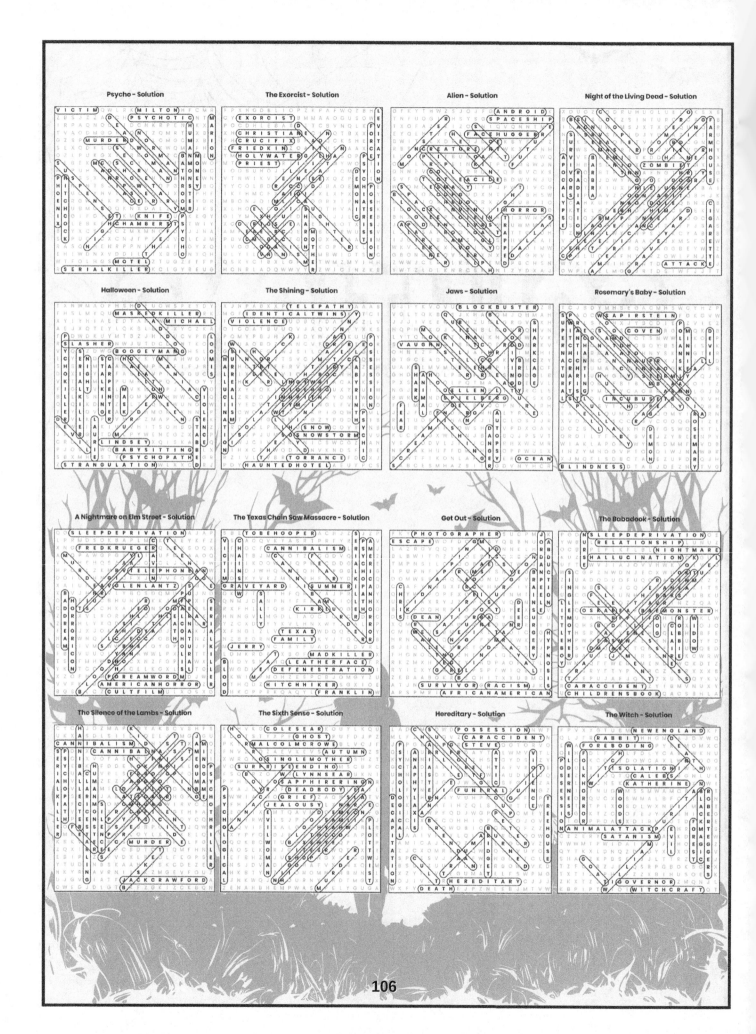

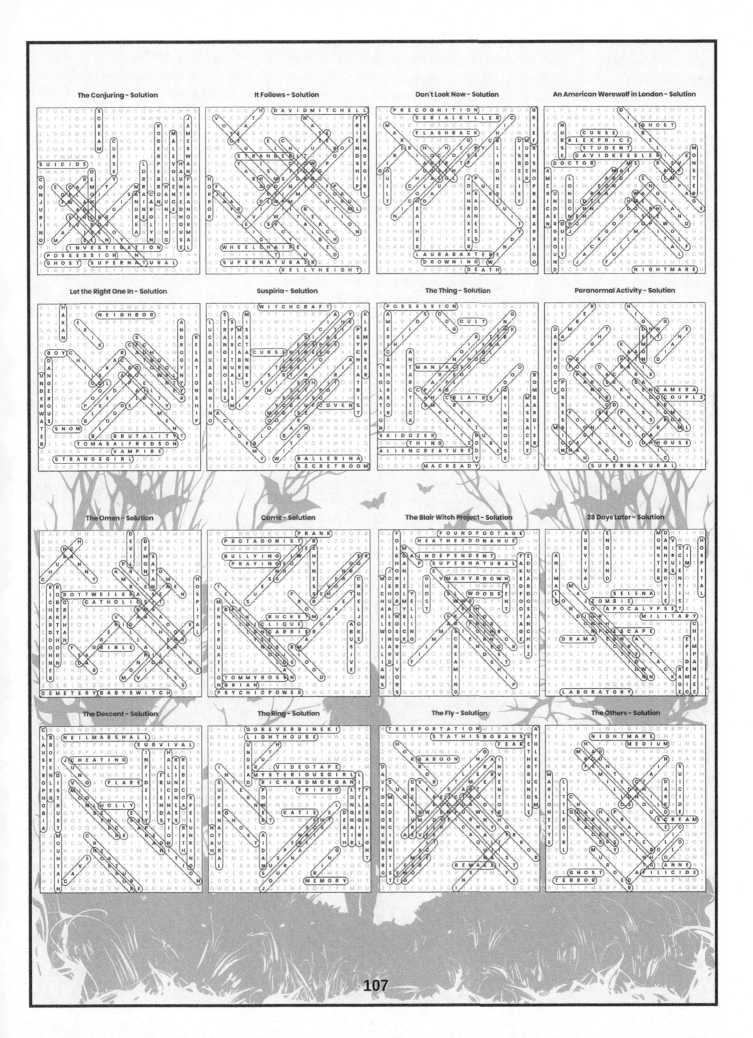

The Conjuring – Solution

It Follows – Solution

Don't Look Now – Solution

An American Werewolf in London – Solution

Let the Right One In – Solution

Suspiria – Solution

The Thing – Solution

Paranormal Activity – Solution

The Omen – Solution

Carrie – Solution

The Blair Witch Project – Solution

28 Days Later – Solution

The Descent – Solution

The Ring – Solution

The Fly – Solution

The Others – Solution

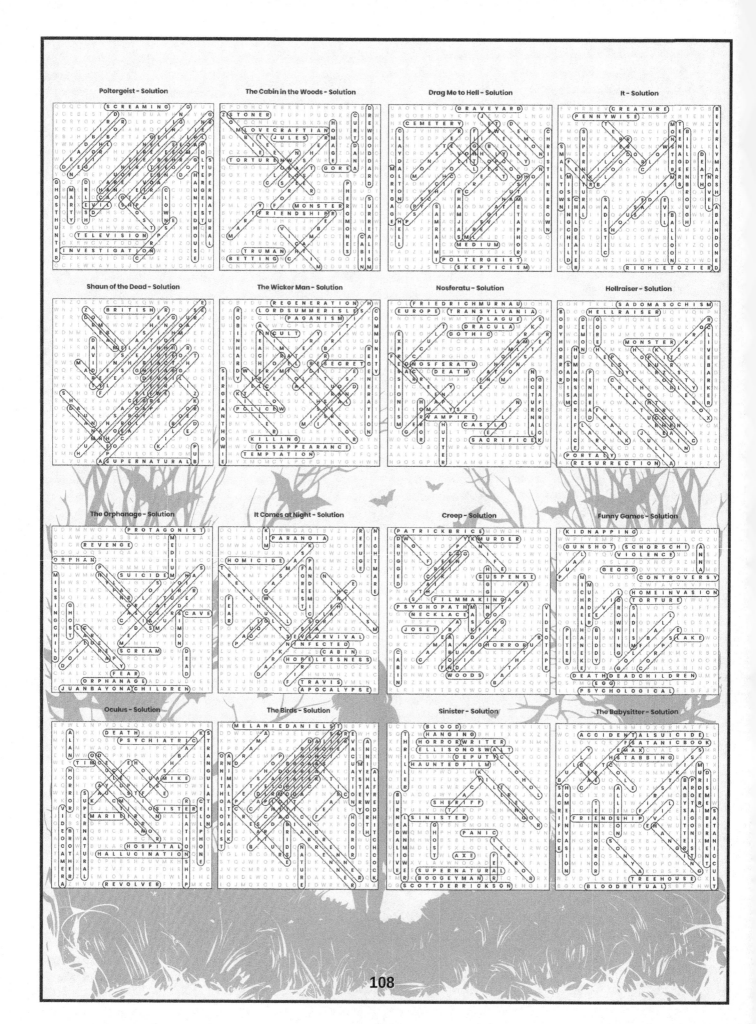

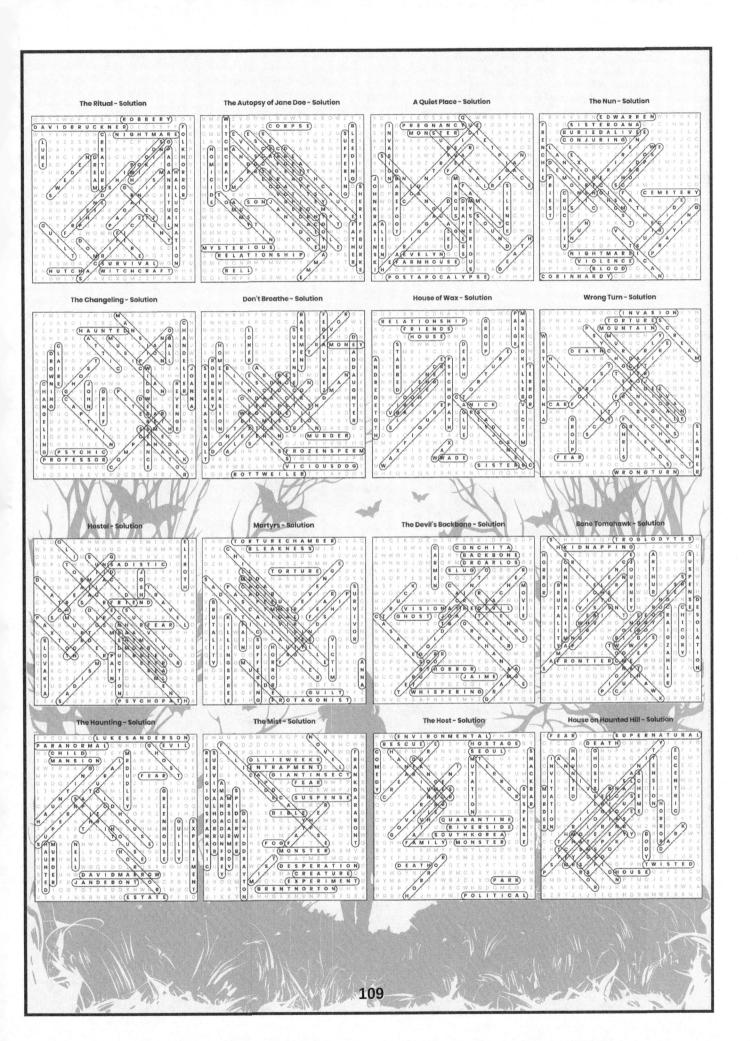

The Ritual - Solution

The Autopsy of Jane Doe - Solution

A Quiet Place - Solution

The Nun - Solution

The Changeling - Solution

Don't Breathe - Solution

House of Wax - Solution

Wrong Turn - Solution

Hostel - Solution

Martyrs - Solution

The Devil's Backbone - Solution

Bone Tomahawk - Solution

The Haunting - Solution

The Mist - Solution

The Host - Solution

House on Haunted Hill - Solution

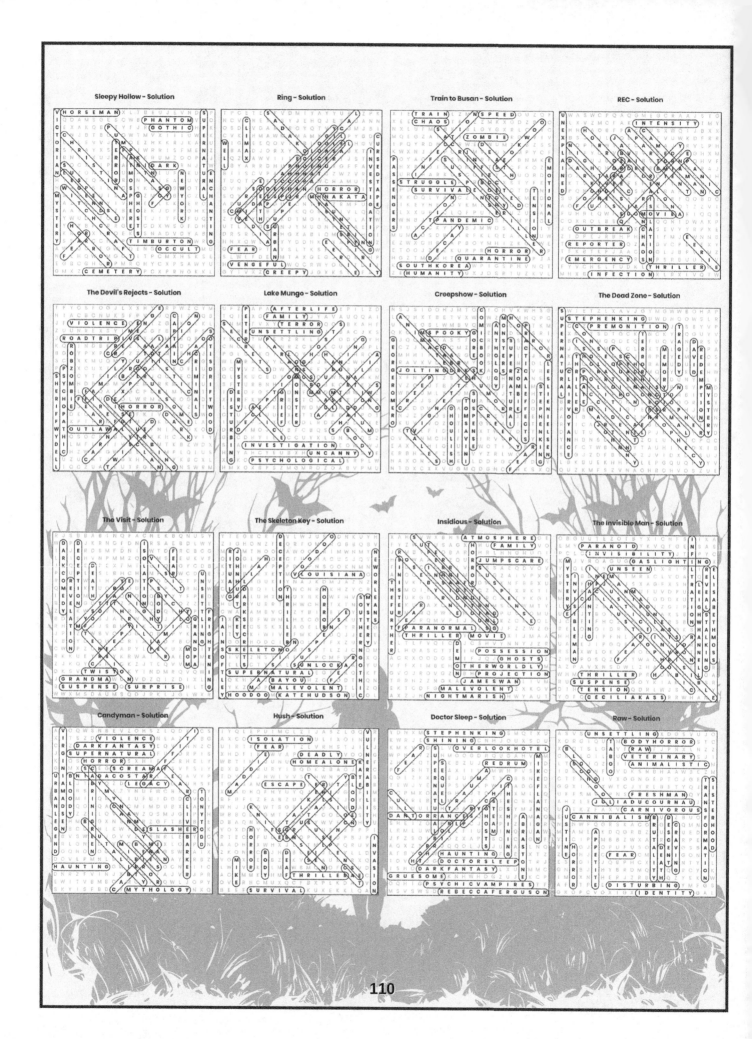

Sleepy Hollow - Solution

Ring - Solution

Train to Busan - Solution

REC - Solution

The Devil's Rejects - Solution

Lake Mungo - Solution

Creepshow - Solution

The Dead Zone - Solution

The Visit - Solution

The Skeleton Key - Solution

Insidious - Solution

The Invisible Man - Solution

Candyman - Solution

Hush - Solution

Doctor Sleep - Solution

Raw - Solution

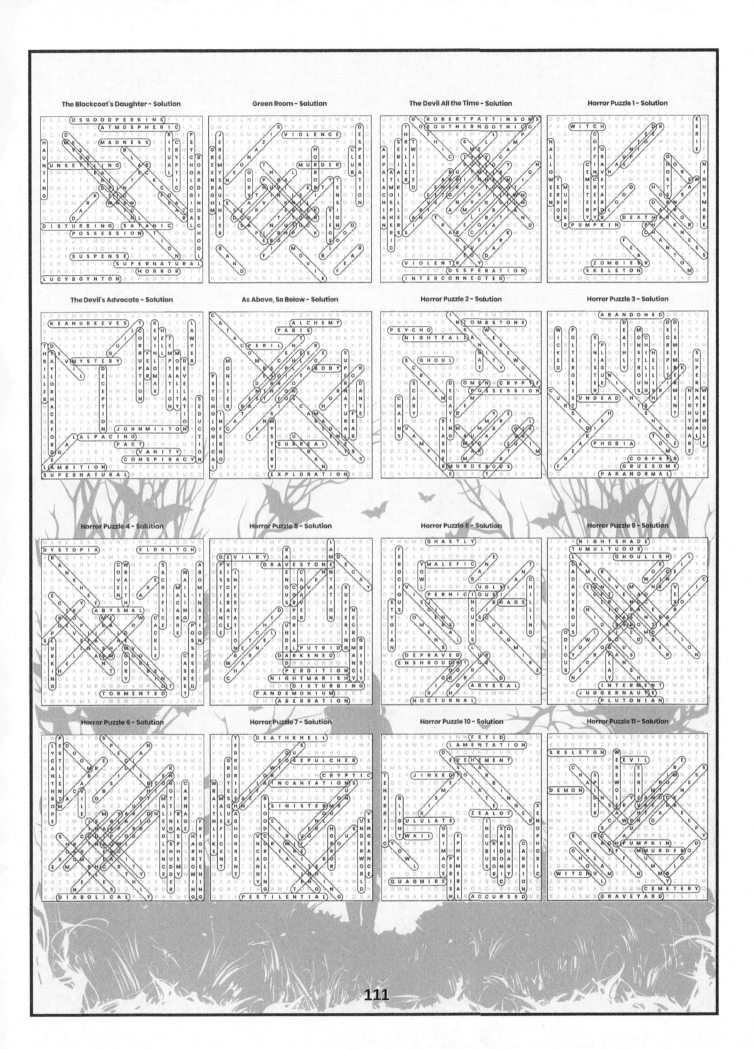

Horror Movies 1 – Solution

Horror Movies 2 – Solution

Halloween Puzzle 1 – Solution

Halloween Puzzle 2 – Solution

That's it! Did you manage to find all the words? I'm glad you made it this far because it means you enjoyed the book and had fun until the very end, instead of tossing it aside!
I hope also you found a hidden message!

I'll remind you once again to scan the QR code if you haven't done so yet! If you're pleased with this book, perhaps you'd like to check out my other books from the 'Word Search' series.

I highly encourage you to do so! You can find all my books on my website, which is hidden behind the QR code or you can simply enter the link into your web browser. The website address is

www.damianpublisher.com

And remember to email me so I can include your name in my next book!

Wishing you a pleasant day and until next time!

Damian

Scan me!

Made in United States
North Haven, CT
02 July 2024

54306501R10063